El CAMINO
de un ALMA

OTROS LIBROS POR JOHN-ROGER, DCE

Para más información, contactarse con el
Movimiento del Sendero Interno del Alma
MSIA
3500 West Adams Blvd.
Los Angeles, CA. 90018 EE.UU.
Teléfono: (323) 737-4055 en EE.UU.
Email: pedidos@msia.org
www.msia.org

El CAMINO
de un ALMA

JOHN-ROGER, DCE*

MANDEVILLE PRESS
Los Angeles, California , EE.UU.

* Doctor en Ciencia Espiritual, programa de postgrado ofrecido por el
Peace Theological Seminary and College of Philosophy, www.pts.org.

Publicado por Mandeville Press
3500 West Adams Blvd.,
Los Angeles, CA 90018 EE.UU.
www.mandevillepress.org
Email: pedidos@msia.org

Traducción por Selene Soler-Schoettler
Revisión de la traducción por Tatiana Jiménez
© 2020 Coordinación de la nueva edición
por Nora Valenzuela

Título Original: *Journey of a Soul*
© 1975, 2000, 2001
Movement of Spiritual Inner Awareness ®
Título original: ISBN 978-1-893020-13-9

Impreso en los Estados Unidos de Norteamérica

ÍNDICE

1
COMIENZA *el* VIAJE

En el principio de los tiempos, Dios estaba en todas partes en un estado de pureza absoluta, y en dicha pureza Ello era un vacío sin conciencia específica. En esencia, Dios no se conocía a Sí mismo en conciencia, en Su existencia mayor. Por eso Dios instituyó patrones de creación. Creó universos dentro de los cuales había objetos de apariencia sólida (que llamamos planetas) y materia menos sólida (que llamamos espacio). Todo eso es Dios en Sus diferentes manifestaciones. Y Dios estableció un plan mediante el cual cada una de las partes debía conocer a las demás partes a través de la experiencia. Así entonces, el Alma, que es más directamente la chispa de Dios, evolucionó y se le dio la oportunidad de tener la experiencia de todos los niveles, estratos, planos, reinos de experiencia y de ser. Un Alma puede habitar cualquier forma que desee. Su trabajo, su razón de ser es tener la experiencia de todo lo que pueda en todos los niveles que le sea posible, de tal suerte que su conciencia de su naturaleza divina pueda irse ampliando. El Alma que lo ha experimentado todo es Dios, es una con Dios. La experiencia de Dios es inconmensurable y compleja; el Alma, por ende, invierte una cantidad de tiempo enorme evolucionando a través de los planos de la experiencia para adquirir conciencia y conocimiento de su naturaleza divina.

Déjame ilustrarte esta idea relatándote la historia de un Alma que decidió dejar el cielo, el reino del Alma. Un día que estaba un tanto aburrida se dijo: "Y ahora serás una roca". Y dicho y hecho, se transformó en una roca. Sin embargo, se metió en un problema porque se sintió un poco aislada; no había ninguna otra roca a su alrededor y no se podía mover por sí misma. No obstante, se sentía feliz porque la naturaleza del Alma es dichosa. La roca era más pesada que cualquier otra cosa a su alrededor y comenzó a hundirse en áreas cada vez más densas, hasta que llegó a un lugar llamado Tierra. Aterrizó y sacudiéndose un poco exclamó: "¡Vaya! Realmente soy una roca". Como no sabía qué hacer a continuación, se dijo: "Creo que aprenderé a tener paciencia". Y se quedó allí durante mucho tiempo.

Y con el correr de miles de años, la erosión la pulverizó. Entonces dijo: "Qué interesante, soy mucho más libre ahora". No era tan libre, porque entonces se dio cuenta de que el suelo la había absorbido y que ahora había sido asimilada por un árbol. Esto era un poco mejor que ser roca; al menos podía mecerse al sol y gozar de la brisa, lo que la hizo sentirse realmente fantástico. Pensó: "¡Qué fabuloso! La verdad es que estoy teniendo una experiencia maravillosa. Creo que aprendí a tener paciencia siendo una roca. Pienso que ahora voy a aprender lo que es el crecimiento gradual". Así que formó parte del árbol durante mucho tiempo, hasta que un día decidió ser una de sus frutas.

Llegado el momento, la fruta maduró, cayó al suelo y se pudrió. Apareció un gusano de esos que se alimentan de la fruta, el que bien pronto desarrolló alas y descubrió que podía volar. Y el Alma dijo: "¡Qué lindo! He aprendido la paciencia y el crecimiento gradual; ahora sólo tengo que aprender a elevarme". Así que comenzó a volar, pero mientras volaba apareció un pájaro y se la engulló. El Alma dijo: "¡Qué bien! Ahora soy más grande y puedo volar mucho más alto". Al poco tiempo vino un animal y se tragó al pájaro. El animal no era capaz de volar, pero podía correr a toda velocidad. Entonces el Alma dijo: "Creo que aprenderé a desplazarme sobre la tierra". Descubrió que su nueva forma era fuerte y vivió mucho tiempo en ella. Pero, finalmente, esa forma superó la tierra y el Alma descubrió que tenía una nueva forma: la humana.

A través de muchas vidas como ser humano, el Alma descubrió que tenía una libertad de acción mayor que nunca, aunque en este cuerpo físico ya no pudiera volar. Se dio cuenta de su propia realidad: de que siempre fue un Alma y que había tenido un sinnúmero de experiencias. Se dio cuenta de que había tenido la experiencia de todas esas otras realidades, pero que jamás había llegado a ser una de ellas; de hecho, siempre había sido lo que era: un Alma, una parte de Dios. Descubrió que la fuerza del Alma es mucho mayor que la fuerza física de una bestia, y comprendió que su ser era muchísimo más majestuoso que el monarca más magnífico de todo el mundo. Descubrió que su reino no está en la Tierra ni pertenece aquí. Así que, después de muchas vidas se dijo: "No pertenezco a este lugar", y simplemente abandonó el cuerpo físico y pasó directamente al Reino del Alma, su hogar. Se le dio una bienvenida como corresponde a la realeza; hizo su aparición magníficamente y se sentó al trono, porque era reina y soberana de su comarca. Ésta es la alegoría de la evolución del Alma.

En realidad, la evolución del Alma es mucho más compleja, pero la narración anterior describe su esencia. Dentro de nuestro universo existen cinco planos o reinos que nosotros llamamos planos inferiores o planos negativos, no en el sentido de algo "malo", sino negativos como el polo de una batería que tiene un polo negativo y otro positivo; juntos crean la corriente eléctrica. En forma similar, los planos de existencia tienen polos positivos y negativos.

Los planos o reinos "negativos" son los siguientes:

El reino etérico, que se relaciona con el nivel inconsciente de la conciencia del ser humano

El reino mental, que se relaciona con la mente del ser humano

El reino causal, que se relaciona con el nivel emocional del ser humano

El reino astral, que se relaciona con la imaginación del ser humano

El reino físico, que se relaciona con la sustancia material de la experiencia del ser humano.

El reino físico es el más denso de todos. El Alma, expresándose mediante diversas formas, puede encarnar en cualquiera de esos reinos en cualquier punto de su viaje. La experiencia del Alma en cualquiera de los planos negativos, a excepción del reino físico, es más restringida o se limita sólo al plano específico en que se encuentra. Pero gracias a la forma humana en el plano físico, la conciencia del Alma es multidimensional y tiene la oportunidad única de experimentar todos los planos negativos simultáneamente.

Mediante la forma humana, el Alma no sólo es capaz de tener la experiencia de todos los planos negativos, sino además, de experimentar de manera directa los planos positivos que existen más allá de los negativos. El reino del Alma es el primero de los planos positivos. Éste es el primer nivel en el cual el Alma es consciente de su naturaleza verdadera, de su ser en un estado de pureza total y de unidad con Dios. Hay también muchos otros reinos ascendentes del Espíritu puro más arriba del plano del Alma. Todos ellos están involucrados en la realización más consciente y más profunda del Alma y del Espíritu y de Dios, hasta que el Alma finalmente disuelve su individualidad hacia una unidad mayor con el Dios supremo de todo lo existente. Estos reinos de Espíritu puro realmente desafían toda posibilidad de explicación mediante el vocabulario terrenal. Para poder comprenderlos es necesario tener la experiencia de ellos. No hay palabras: sólo puede decirse que son una realidad y que en cada uno existe el potencial, así como el derecho heredado de conocerlos algún día como una experiencia directa y consciente.

El Alma tiene su hogar en el reino del Alma. De ese reino ha venido. En más de un sentido, el Alma es una extranjera en los reinos inferiores. En su interior existe siempre la intención de volver a su hogar, de retornar al reino positivo del Espíritu. El Alma encarna en los planos inferiores o negativos con el propósito de tener la experiencia de esas partes de Dios. En su viaje descendente hacia los planos inferiores adquiere la forma o "cuerpo" de cada plano, etérico, mental, causal y físico. Cada forma es más pesada y más densa que la anterior. La forma física es el último cuerpo que se adquiere y es el más denso. La forma física trae aparejados varios niveles de conciencia:

Un inconsciente (donde se acumula la memoria y donde pueden originarse los sueños, y donde muchos patrones de conducta se transforman en hábitos automáticos);

Una mente (usada para registrar eventos y para grabar y reproducir información);

Emociones (donde se genera y se almacena energía para usarse según se instruya); y

Una imaginación (expresiones que pueden ser positivas o negativas, y que pueden enaltecer u obstaculizar nuestras experiencias).

Al asumir estos distintos aspectos, que son todos un reflejo de los planos negativos, el Alma se mantiene como el único aspecto positivo entre todos los negativos (repito: no "malos" sino "negativos"). El Alma se transforma en la parte más débil de la forma física, porque su función es experimentar los planos inferiores a través de la forma física.

La forma física está equipada también con:

Un ser consciente (el que se levanta en la mañana, conduce el automóvil para ir a trabajar, lee el periódico, estudia reportes financieros, habla con amigos, etc.);

Un ser básico (que controla las funciones del cuerpo y lo dirige mediante hábitos bien aprendidos, y que es muy parecido a un niño de cuatro o cinco años que impone sus deseos y voluntad al ser consciente); y

Un ser superior (que hace las veces de guardián, dirigiendo al ser consciente hacia esas experiencias que serán para su bien mayor, puesto que conoce el destino de vida de la forma física y trata de cumplirlo).

El ser consciente es el "capitán del barco" y puede ignorar o invalidar lo que el ser básico y el ser superior digan. En la mayoría de los casos, el ser superior actuará velando por el progreso y evolución del Alma, dirigiendo a la conciencia humana hacia las experiencias que necesita para su "educación". El ser básico actúa principalmente para preservar el cuerpo. Se resiste a cualquier cosa que pueda dañarlo, lastimarlo o destruirlo. El ser consciente es la parte más propensa a quedar atrapada en las ilusiones de la imaginación, la mente, las emociones y el glamour del mundo físico, creando situaciones que retrasan la evolución del Alma.

Si una conciencia humana se impone sobre otra (causándole daño, dolor o sufrimiento mediante acciones físicas, patrones de pensamientos, palabras, deshonestidad, engaño, estafas, manipulación emocional o de cualquier otra forma) se la hará responsable de ello y se le brindará la oportunidad de despejar su acción para lograr equilibrarla nuevamente. Nadie tiene derecho a lastimar o dañar a otro de manera alguna. Si éste es el caso, la acción debe ser equilibrada; es la ley de causa y efecto. Si causas desequilibrio, el efecto se manifiesta en que dicho desequilibrio vuelve a ti. Y por ser tú el creador de lo sucedido tienes que corregirlo. En esencia, ésta es la acción del karma. Es una acción imparcial y justa. Y es la creación de situaciones kármicas lo que instituye el proceso de la reencarnación.

Como ser humano, el Alma comienza por encarnar una sola vez sobre el plano físico dentro de la forma física. Si esa forma pudiera pasarse la vida en perfecto equilibrio con todo, creando sólo paz, amor y armonía, podría completar su proceso y liberarse de este plano y ganarse la oportunidad de continuar su evolución en los reinos superiores. Pero cuando el Alma encarna dentro de la forma física, suele no tener mucha experiencia en las artimañas de este mundo. La conciencia ve todo el glamour, las ilusiones, las atracciones del mundo—los placeres—y se desvía. Todo esto es para aprender. El Alma, al ir cumpliendo con su plan de vida, va a tener propensión a crear desequilibrios. Luego, cuando llegue el momento de que el cuerpo muera, habrá muchas situaciones kármicas sin resolver que nunca se despejaron o equilibraron. En consecuencia, más adelante el Alma reencarnará otra vez en el plano físico para que pueda pagar sus deudas, corregir los errores y crear equilibrio y armonía. Pero si la conciencia queda atrapada en las ilusiones y el glamour una vez más, terminará por crear más situaciones kármicas y tendrá que volver a reencarnar para despejarlas, y así sucesivamente.

En algún momento la conciencia llega a comprender este proceso, aprende a convertirse en una creadora responsable y a apreciar e interesarse por las cosas de naturaleza positiva y espiritual, en vez de por el aspecto material de este mundo. De esta manera la conciencia empieza su evolución de vuelta hacia Dios, completa el karma del pasado, deja de acumular más karma y se libera de este mundo. Todos tienen el derecho heredado de conocer la naturaleza divina del Alma y experimentar su dicha, libertad y perfección.

El Alma en sí misma es tanto positiva como negativa. Está completa en relación con sus patrones energéticos, tal como lo está su Creador. Pero cuando decide venir al mundo físico, tiende más hacia una de estas dos polaridades: la masculina o la femenina. Podría decir: "Esta vez llegaré al mundo como hombre". A continuación, el ser superior que trabaja con el Alma recurre al depósito de seres básicos y elige uno que pueda crear un cuerpo con la forma adecuada. El ser básico empieza a crear entonces un cuerpo masculino. El Alma, al momento de nacer, toma la forma de una expresión masculina, pero sus ciclos energéticos permanecen intactos dentro de ella, porque el Alma es perfecta y completa.

Es posible que la polaridad del cuerpo sienta la necesidad de equilibrarse con la polaridad opuesta y entonces buscará pareja, un compañero, alguien con quien pueda intercambiar energía y sentirse completa. La forma masculina expresa primordialmente una polaridad positiva; la femenina, en tanto, una polaridad negativa. Cuando un hombre y una mujer tienen relaciones sexuales, las energías se intercambian: en esencia la batería se carga. La gente que trabaja con energías espirituales elevadas reconoce que el Alma está completa en sí misma, y ese reconocimiento se convierte en su "Alma gemela".

Encuentras a tu "Alma gemela" cuando reconoces que el Alma es perfecta y está completa en sí misma. El Alma no busca un compañero pues ya es perfecta. Los niveles inferiores de la conciencia son los que buscan un compañero, los que quieren completarse. Cuando reconozcas que estás completo realmente, no necesitarás las condiciones limitantes de este mundo. Y eso es lo que suele llamarse auto-realización. ¡Es la libertad!

Todas las Almas fueron creadas al mismo "tiempo". En el concepto de "tiempo" de Dios ellas han existido siempre, pero eligen ocasiones diferentes para encarnar sobre el planeta y adquirir sus experiencias. Por eso no todas las Almas son iguales en cuanto a su ascenso y desarrollo, pero en la realidad superior todas ellas son iguales. Los lapsos de tiempo entre encarnaciones (o reencarnaciones, ya que se encarna en el planeta una sola vez; tus siguientes vidas en este planeta son reencarnaciones) también pueden variar. No existe un tiempo promedio entre reencarnaciones. Por lo mismo, aunque todas las Almas fueron creadas simultáneamente, una de ellas puede haber experimentado lo físico más que otra. Una persona podría estar viviendo su vida quincuagésima, mientras que otra ir en la número ciento noventa y cinco. Esto marcará una diferencia notoria en la conciencia del Espíritu de cada quien y en la expresión individual.

En el transcurso de los eones de años de este planeta han existido muchas razas de hombres. Cada una de ellas implica una experiencia diferente, una conciencia diferente. Todas son "una" espiritualmente, pero cada raza personifica una conciencia por separado. Puede que no adquieras toda la experiencia necesaria para conocer a Dios en su totalidad, en todo su dominio, a menos que encarnes en todas las razas. Puede que en una vida encarnes como una mujer o un hombre piel roja, que lo aprendas bien y no necesites regresar a esa conciencia, o que vengas a una vida como negro o como mestizo, blanco o amarillo, y que lo aprendas todo y que no tengas que volver a esas conciencias nunca más. Sin embargo, sería muy raro que se pudieran completar todas esas experiencias en una sola vida. Con todos los niveles de karma que tienes que completar cuando desciendes a este planeta, se hace muy difícil cumplir con todas las condiciones en una sola vida.

Antes de encarnar en el planeta te encuentras en conciencia en otro reino viviendo otra existencia. Entonces, por alguna razón llega el momento de que encarnes sobre el reino físico. Ten en cuenta que la naturaleza del Alma es experimentar todos los niveles y condiciones de Dios. Por lo tanto, la experiencia en la Tierra es parte de la evolución del Alma hacia la conciencia mayor de Dios. Antes de reencarnar físicamente te reúnes con los consejeros o maestros kármicos (también conocidos como el Consejo Kármico) para planificar tu vida en el planeta dentro de rangos de posibilidades y probabilidades amplios.

En el momento de la planificación eliges a tus padres, eliges los talentos y habilidades que tendrás y todas aquellas cosas que tanto tú como los consejeros kármicos decidan que son las óptimas para favorecer tu desarrollo espiritual. También en ese momento eliges las situaciones que te reunirán con personas en relaciones determinadas y que te brindarán la oportunidad de completar deudas kármicas de existencias anteriores.

La naturaleza del Alma es encarnar dentro del plano físico para adquirir experiencia, pero es la acción del karma—la creación y la liberación del mismo—lo que perpetúa la reencarnación. Muchas personas han vivido cientos de vidas sobre la Tierra y todavía están tratando de comprender lo que implica el karma para poder liberarse de la rueda de la encarnación o reingreso, tomar conciencia de la libertad de su Alma, trascender este reino y conocer los planos superiores.

Antes de la encarnación y de los reingresos posteriores tienes libre albedrío y puedes ejercerlo; después de encarnar, tienes libertad de elección. Antes de encarnar programas muchas alternativas; después de encarnar eliges cuál de estas alternativas deseas adoptar. Es muy complejo y complicado planificar todas las variables en las que podrías involucrarte en la vida Es tan complejo, que una computadora sería insuficiente para emular lo que hacen los maestros del Consejo Kármico, que conocen hasta el más mínimo detalle todo lo que te ha sucedido en todas tus existencias. Se reúnen contigo y, a continuación, con el Alma de tus padres y familiares posibles, y estos patrones de tu existencia se procesan a lo largo de muchas generaciones.

Hay un grupo de metafísicos que sostiene que un patrón de encarnación dura ciento cuarenta y cuatro años. Dicho grupo ha establecido un patrón generalizado que sostiene que vivimos unos cien años en el planeta y luego, después de morir físicamente, que vivimos aproximadamente otros cuarenta y cuatro años en otro plano antes de volver a reencarnar en la Tierra nuevamente. El plan tiene una duración aproximada de ciento cuarenta y cuatro años, sin embargo, dentro de ese ciclo puedes liberarte mucho antes; puedes resolver tu karma con mayor rapidez. Pero, por lo general, las reacciones kármicas que pones en movimiento tendrán un efecto de unos ciento cuarenta y cuatro años.

Dentro de tus patrones kármicos, por ejemplo, los consejeros pueden planificar situaciones en las que tengas que trabajar con el patrón de la paciencia. En una vida anterior tal vez hayas sido muy impaciente con la gente y los hayas mantenido a raya posible- mente cortándoles la cabeza. Debido a que tú creaste esta situación, tendrás que enfrentar situaciones en las que no necesariamente pierdas la cabeza a nivel físico, pero estarás experimentando impaciencia y "perderás la cabeza" de otra forma; quizás a través de las emociones o de tu mal carácter. La acción puede ser más simbólica que física. Enfrentarás estas situaciones para aprender a tener paciencia. Puede haber sido programado de tal manera que la persona que lo detone en ti haya sido la que recibió los efectos de tu acción en una vida anterior.

Quizás sea tu padre en esta vida. Antes de reencarnar aceptas la situación y las condiciones porque es justo que él tenga la posibilidad de equilibrar la acción.

En situaciones de este tipo es posible que cuando el bebé encarne, el padre vea al hijo y tenga el recuerdo (muchas veces no a nivel consciente) de la vida anterior, y que mate al niño. Esto ha sucedido. Sin embargo, por lo general esto no ocurre, porque el "padre" le dará al "hijo" la oportunidad de equilibrar y completar la acción. Él tiene que permitirlo. Estas situaciones son tan perfectas. Si alguna vez decides hacer algo que afecte a otra persona y pretendes mentalmente que nadie se va a dar cuenta, que "te saldrás con la tuya", piénsalo bien. No te estás salvando de nada. El Alma registra todo y asume la responsabilidad de todo de manera justa y perfecta.

La reencarnación no es algo negativo, como muchos creen. Es una filosofía muy positiva y progresista: si no lo logras esta vez, tendrás una nueva oportunidad. ¿Qué mejor que eso? Todos estamos trabajando para despertar a nuestra conciencia interna, buscando primero el reino de Dios dentro de nosotros y luego buscando a Dios en la realidad exterior. Y todos queremos alcanzar el cielo. Pero si te dijeran que vas a morir en dos semanas más, probablemente dirías: "¡Ay, Dios santo, no! No quiero morir. Quiero quedarme en este valle de lágrimas". Y con esa actitud seguramente así será, tarde o temprano.

Debes ser extremadamente cuidadoso con la manera en que programas las cosas para ti, porque como eres un creador y tienes la esencia divina dentro de ti, lo que hayas de crear regresará a ti. Se te hará responsable por ser el autor de la creación. Todo vuelve a ti.

Lo interesante es que dentro del Movimiento del Sendero Interno del Alma, a través de sus enseñanzas, puedes romper con la rueda de la encarnación. Existen técnicas especializadas, conocidas para los estudiantes del MSIA que buscan esta experiencia de superación de manera consciente y con mucha valentía. Esto puede ser bastante duro, porque a menudo la gente hace su meditación, sus ejercicios espirituales, practica la contemplación o trabaja para superarse durante cinco minutos al día, y las otras veintitrés horas y 55 minutos tiene que bajar a este nivel y someterse al cautiverio de lo que llamamos planeta Tierra.

La tentación de enfocarse en lo negativo de este nivel es muy fuerte. Sin embargo, con el apoyo interno que proviene de hacer ejercicios espirituales y ejercitar otras prácticas espirituales, las personas pueden redirigir su enfoque hacia su regreso al hogar y a Dios.

2
Las Reglas Durante el Trayecto

Todos individualmente somos una extensión de Dios y como tal tenemos ciertos atributos en común con Dios. Uno es el poder de crear. Parte de nuestra experiencia en el plano físico es convertirnos en creadores conscientes y responsables creando cosas que sean positivas por naturaleza.

El ser humano crea con sus emociones, pensamientos, palabras y acciones. Puede crear miseria, dolor, venganza, etc., o crear felicidad, armonía, confianza y dicha. Cada uno toma estas opciones varias veces al día. Todo lo que mantienes en tu mente que consideras tus "aspiraciones" y deseos, todo aquello con lo que sueñas y que creas en tu imaginación se materializa en algún momento, en algún nivel. Es prudente, por decir lo menos, que pongas atención a las imágenes que creas y a las que les das energía. Pero en tanto sigas exteriorizando patrones de deseo o fantasía aprovecha de exteriorizar algo que realmente quieras. ¿La conciencia de Dios? ¿Los planos superiores? ¿La conciencia del Alma?

¿Qué apariencia tiene un Alma? Podría verse como un globo violeta, blanco o dorado. O como la imagen de un maestro, ya sea como Jesús, Buda o Krishna. Si pones esa imagen frente a ti, tal vez comience a borrar la energía de las fantasías inferiores que has creado, como las que tienes de un automóvil nuevo, de una emocionante vida sexual, de mucho dinero, etc. Puedes programarte para que los deseos inferiores desaparezcan y comenzar a colocar ideales más elevados frente a ti. Tus mecanismos de éxito te llevarán directamente hacia el ideal. Simplemente puedes asumir que lo vas a alcanzar porque si eso es lo que mantienes presente, así será.

La Biblia dice: "Como un hombre piensa en su corazón, en eso se convierte". Esta frase expresa realmente una gran verdad cuando se la percibe con la conciencia mística. Funciona en ambos sentidos: en sentido positivo y en sentido negativo. Puedes decir: "Lo que más he temido en mi vida terminó sucediendo", y eso definitivamente tendría mucho sentido, porque lo que más temes es en lo que más piensas. Le pones energía. Te mortificas con eso y piensas: "¿Qué sucedería si...?", y creas lo que temes y termina sucediendo. Tú lo creas. Tú lo haces aparecer y luego protestas: "¿Por qué a mí, Señor?". Y si logras que Él se comunique contigo, puede que el Señor te conteste: "¿Por qué no? Tú lo creaste; eres responsable de eso". Lo mejor que puedes hacer es respirar hondo, catalogarlo como "una experiencia y una lección", y seguir adelante. En realidad no te queda otra alternativa. Aprende todo lo que puedas de cada experiencia y sigue adelante.

Veamos una situación concreta. Supongamos que una de las cosas que creaste kármicamente con el fin de resolverla es involucrarte demasiado a nivel emocional con la persona que amas. Cuando amas a alguien quieres respirar por esa persona, ayudarla a digerir la comida, asegurarte de que su corazón lata perfectamente y que la sangre le circule por todos los lugares que debe. A menudo, este tipo de amor lo puedes ver en el afecto de las madres y padres por sus hijos. Quieren que todo sea tan perfecto para ellos que tratan de protegerlos de la vida misma, pero eso es imposible. No importa cuánto ames a alguien y cuánto trates de controlar su vida, simplemente no puede hacerse. Sientes que no vive la vida de la manera que a ti te gustaría y por eso te sientes herido y rechazado.

El rechazo es algo de lo que todos podemos prescindir. ¿Qué pasa cuando te sientes rechazado? Diriges tus pensamientos hacia dentro y comienzas internamente a retomar patrones emocionales. No intelectualizas; tal vez te parezca que sí lo haces pero no es así. Lo que haces es usar la mente y cargar de emociones los pensamientos. Desordenas tu facultad pensante y caes en un círculo vicioso. Emites pensamientos de dolor, frustración y amargura, y los vuelves a atraer directamente hacia ti a través del estómago. Es la perfecta ocasión para sentirse víctima: "¡Pobre de mí! Siento tanta lástima por mí mismo. Nadie me entiende; me hieren. No hacen lo que yo quiero, lo que necesito que hagan". Estos pensamientos salen cargados emocionalmente y luego se te devuelven directamente y te golpean en el estómago. Cuando percibes el rechazo, sientes cómo la energía se te va. Puede que empujes el sentimiento de rechazo hacia el centro creador de vida, de manera que cuando tu ser amado se acerque a ti para hacer el amor le digas: "¡Ni te lo sueñes! ¿Cómo se siente cuando alguien te rechaza?". Y niegas a la persona creando una situación kármica.

La situación kármica surge debido a la deshonestidad y la mentira que acompañan a la acción y no necesariamente por la acción misma. Una forma de hacerlo con honestidad podría ser diciendo:

—Mira, hoy dijiste algo que me ofendió y realmente me sentí rechazada y enojada. Así que me va a resultar muy difícil hacer el amor contigo y sentirme bien haciéndolo.

Tu pareja probablemente pregunte:

—¡Vaya! ¿Qué te dije que te hirió?

—Hiciste un comentario sobre mi exceso de peso.

Y tal vez tu pareja responda:

—Mi amor, era una broma. Sólo estaba bromeando y no quise herirte al hacerlo. Pero la verdad es que yo mismo he estado aumentando de peso últimamente, así que tal vez podríamos comenzar a cuidarnos un poco en lo que comemos.

Esto es ser honesto; esto es comunicarse; esto es aclarar las cosas. Estas cosas son muy importantes.

Cuando te comunicas honestamente con las personas con las que vives y trabajas y mantienes las cosas claras, probablemente estés viviendo bastante libre de karma. Es cuando permites que se acumulen los pequeños sufrimientos, resentimientos, injusticias (de acuerdo a tu criterio) y molestias que creas karma.

Muchas veces la gente se compromete en matrimonio o forma una familia para ayudarse a trabajar situaciones kármicas entre sí. Es interesante que uno tiene karma consigo mismo únicamente y no necesariamente con otra gente. La otra persona se involucra en la situación únicamente para darte a ti la oportunidad de resolver tu karma. En situaciones familiares, el karma se complica tanto que a menudo decimos que las familias comparten el karma. Por ejemplo, puede que una pareja joven se case y que ella antes de casarse haya adquirido una gran cantidad de deudas en sus tarjetas de crédito. Antes de casarse con ella, el hombre no tiene ninguna conexión con esa acción. Después de casarse, él es responsable de esas deudas. Ahora él comparte el karma financiero de ella y la ley puede obligarlo a pagarlas.

Ése es un ejemplo obvio, pero en general son mucho más sutiles. La mayoría de las personas tiene relativamente pocos problemas antes de casarse, pero cuando se casan surgen muchos problemas y situaciones difíciles durante un tiempo. Luego todo se tranquiliza y parece volver a la normalidad. Ambos cónyuges necesitan cierto tiempo para adaptarse al nuevo karma, a las nuevas condiciones kármicas. Una vez que lo logran, todo parece volver a la calma. La familia ha aprendido a trabajar unida y a apoyarse en los momentos difíciles. Si aprenden a resolver las cosas bien entre sí, de hecho serán capaces de resolver el karma con mayor rapidez porque tendrán más amor para apoyarse.

Va a haber momentos en tu vida en los que te parecerá que tienes más situaciones kármicas que resolver que en otros, lo que puede ser cierto. Toda vida tiene ciclos y hay cambios que vienen aparejados con dichos ciclos. Cuando se enfrenta una etapa de cambios mayores nos parece que hubiera muchas situaciones que resolver. En otros momentos, las cosas parecen nivelarse, fluyen con facilidad y no tienen complicaciones evidentes. Ambas situaciones pueden ser correctas, apropiadas y normales.

Es importante aprender a aceptar y a trabajar con lo que suceda sin perder mucho tiempo en enjuiciamientos o recriminaciones. Con la aceptación todo es más fácil porque aceptar es no resistirse, es dejar que las cosas pasen de largo y decir: "Gracias, Señor, por otro día magnífico". Es mucho más fácil liberarse del karma cuando logras hacer esto. **Es importante recordar que no tienes que estar de acuerdo con algo para aceptarlo. Se puede no estar de acuerdo con la situación y, aún así, aceptar que así sea.**

Procesar situaciones kármicas es como jugar a la payana.[1] Tienes las manos llenas de piedritas, las colocas sobre una superficie y decides el juego que vas a jugar. Tienes varias alternativas de juego, pero en todas ellas deberás recoger piedritas. Puedes recogerlas de a una, y ésa es la más fácil. Casi todos pueden jugar a recogerlas de a una, aunque les lleve más tiempo recogerlas todas. Pero no debes tratar de recogerlas todas juntas hasta que no hayas aprendido a recogerlas de a una, luego de a dos, después de a tres y así sucesivamente. Entonces, cuando hayas aprendido todas las alternativas fáciles

---

1. En inglés este juego se llama "jacks". En algunas regiones de habla hispana se le conoce como "matatena"; en otras por el fonema "yecs" que es el vocablo inglés castellanizado. Payana es el término incorporado al castellano y se usa en Chile, Argentina y Uruguay.

puedes pasar a las más complicadas, como "colocarlas en una cesta". Permites que se manifieste una destreza un poquito diferente que te hará mejorar un poco más. Y cuando hayas dominado esa variante, podrás pasar a otra y aprender a dominar ésa.

Los juegos de los niños pueden realmente enseñarnos algo. La vida se parece mucho a un juego: hay que jugar en serio, pero manteniendo siempre un espíritu lúdico. Si caes en la casilla equivocada, irás a la cárcel y allí te tienes que quedar hasta que no consigas cien pesos. O puedes salir inmediatamente regresando a "la partida" y comenzar todo de nuevo. Pero la clave es saber cuándo terminar el juego; entonces puedes guardarlo y pasar a otra cosa. Otra clave es no dejarse atrapar demasiado por el juego y que uno termine creyendo que es el juego. Tú no eres el juego. Eres mucho más que eso. Eres mucho más que la situación kármica actual por la que atraviesas. Eres mucho más que la personalidad que tienes en esta vida. Éste es un juego que juegas hasta que lo des por terminado. Luego lo dejas ir, lo liberas, dejas de jugar y el karma se libera.

Tendrás algo de karma mientras vivas en cualquiera de los planos inferiores negativos. Si no tuvieras más karma, dejarías estos planos inferiores para establecerte en el plano del Alma, o más arriba. Pero a pesar de tener karma aquí, puedes mantener tu casa en orden resolviendo inmediatamente las cosas que se presenten. Cuando ocurra algo que realmente te perturbe, levántate instantáneamente y suéltalo. Si es con alguna persona, habla con ella y aclara la situación. Si es algo interno, trabaja contigo mismo para cambiarlo y equilibrarlo de modo que te sientas feliz y cómodo contigo mismo. Si se relaciona con el trabajo, habla con tu jefe y aclara la situación, o búscate otro trabajo. Si aprendes de lo que te perturba, te liberarás de ello. Si no aprendes, la experiencia se te repetirá una y otra vez ofreciéndote una nueva oportunidad.

Los problemas tienen su lado positivo porque cada vez que logras solucionarlos o superarlos, tu sabiduría y tu conocimiento se profundizan. Cada vez que superas algo creces. Los problemas te dan fuerzas para seguir avanzando. La Tierra es un salón de clases y todos somos estudiantes. Las experiencias que vas teniendo en el camino, los problemas que enfrentas son tus lecciones. Por eso, cada persona con quien te cruzas es tu maestro. Si puedes no olvidar esto mientras llevas a cabo tus actividades cotidianas, podrías hacer cambios significativos y realmente expandir tu conciencia rápidamente. Sigues creciendo y progresando con cada experiencia para poder graduarte, porque si fallas tendrás que repetir el curso. Y si eso es lo que se necesita, también está bien.

El karma se crea de muchas maneras y a través de un sinnúmero de situaciones. Básicamente, cualquier acción, emoción, pensamiento o palabra que se emite de una manera desequilibrada puede crear karma. Cuando tu hijo te saca de quicio y lo golpeas podrías estar creando una situación kármica. Pero luego, si vas y le pides disculpas, se despeja el karma. No obstante, si un niño hace algo que no debiera, el "castigo" puede ser la forma de ayudarlo a darse cuenta de su error para que lo comprenda. Si lo castigas con amor y no en un arrebato de rabia, no generas karma y tampoco tienes la necesidad de pedirle disculpas. Sólo estarás ayudándole a aprender.

Una parte importante de este proceso está relacionada con la actitud. En la actitud estriba toda la diferencia. Puedes crearte muchas situaciones kármicas usando mal tu naturaleza emocional. Podrías pensar que si esto es verdad, vas a tener karma por el resto de tu vida. Tal vez sea cierto, pero trabajes o no en despejar tu karma, los días continuarán pasando, así que sería mejor que trabajases en ello. Si sientes enojo, odio o deseas vengarte, si te sientes culpable o tienes cualquier otra emoción negativa, te creas karma. Lo atraes y te quedas atrapado en él y se te hace responsable de él.

El Alma es perfecta, la personalidad es imperfecta. Pero considerando que el Alma ha asumido el compromiso de tener la experiencia del plano físico con una personalidad y una conciencia en particular, ella reencarnará para completar las situaciones kármicas acumuladas por la conciencia, por la personalidad. La personalidad suele crear karma mediante la autocomplacencia. Cada vez que te enojas al punto de perder el control, cada vez que te pones tan emocional o te desequilibras tanto que no puedes contener las lágrimas y los sollozos, cada vez que te emborrachas hasta perder el control y no te acuerdas de nada, cada vez que te "vuelas" con las drogas y pierdes el control, todas esas situaciones te generan karma. Y probablemente lo que produzca karma más que ningún otro factor sea la culpa que sientes debido a estos excesos.

Si le eres infiel a tu esposa, eso puede ocasionar una situación kármica. Sin embargo, la misma puede ser relativamente fácil de aclarar y equilibrar. Pero si te sientes culpable puedes quedar aprisionado en ese karma durante toda la vida, o incluso más allá. Si das a luz un hijo y lo entregas en adopción, la acción podría ser correcta y no generar karma. Pero si sientes que no deberías haberlo hecho, si te sientes culpable, puedes convertirla en una acción kármica. Si quedas embarazada y decides abortar, esa decisión y la situación en sí puede que no tengan karma. Pero si te sientes culpable y tienes remordimientos, si te castigas duramente a ti misma, podrías crear una situación kármica. Realmente se trata en gran medida de una cuestión de actitud.

En este plano, hay muchas, pero muchas experiencias. La mayoría de ellas no son en sí ni "buenas" ni "malas", pero la actitud con la cual se llevan a cabo puede crear un juicio de valor que si es "malo", podría crear culpa, lo que a su vez creará karma. Es muy importante observar tu actitud y mantenerla lo más neutra posible.

El concepto del karma—su creación y resolución— es increíblemente complejo. Hay un sinnúmero de planos y niveles sobre los cuales se crea y se cumple el karma. Si los multiplicas por las situaciones, relaciones y actitudes que crean y resuelven el karma, obtienes como resultado lo que parecen ser posibilidades infinitas. Y tú tienes que aprender a reconocerlas y, posteriormente, a circunvalarlas todas.

Muchas veces las situaciones kármicas son creadas y cumplidas en una sola vida. Imagínate una situación en que un hombre se casa muy enamorado de su mujer. Él considera que ella es la mejor mujer del mundo, se lo da todo, la trata como una princesa… y entonces se entera de que ella le es infiel. Su infidelidad le causa un sufrimiento y una pena tremendos, y finalmente el matrimonio termina en divorcio. Años más tarde ella se vuelve a casar muy enamorada de su nuevo marido; lo considera el hombre más perfecto de la Tierra, pero entonces se entera de que él le es infiel. Ella tiene la oportunidad de sentir en carne propia la misma experiencia que una vez provocó en otro. En su primer matrimonio ella fue la causa; en el segundo, el efecto. ¡Qué suerte tiene ella! Puede equilibrar el karma en esta vida. Si no se equilibra esta vez, se hará en otra vida porque nada se pasa por alto.

Si tú, por medio de engaños y mentiras causas que alguien vaya a prisión injustamente, puede que en determinado momento más adelante te tomen preso por un crimen que no cometiste. Si reconoces lo que está pasando y aprendes de la experiencia todo lo que puedas, habrás equilibrado y despejado la deuda kármica. Pero si caes en manifestaciones de odio, rencor y venganza, perpetuarás tu karma y tendrás que sufrirlo una y otra vez hasta que aprendas a equilibrarte en esa situación. No necesariamente tendrás la experiencia de sentirte "encarcelado" cayendo a la cárcel concretamente. A lo mejor vas a sentirte "atrapado" en un trabajo que no soportas, incapaz de cambiarlo por alguna extraña razón. Podría ser que te encuentres "atrapado" en una situación familiar o en un matrimonio. Hay muchas formas de estar preso.

Cuando empiezas a comprender lo que significa el karma, es interesante darse cuenta de que algunas acciones que parecen "malas", pueden ser situaciones de cumplimiento de karma y, por ende, justas desde ese punto de vista. Por ejemplo, digamos que en una vida anterior una madre abandonó a su hijo dejándolo en manos de personas que no lo cuidaron bien. Debido a que la madre se negó a aceptar y a asumir su responsabilidad con el niño, éste creció sin amor, fue abusado, vejado, llevando una vida infeliz y de mucha amargura. El niño reencarna en otra vida, crece y da a luz un hijo que resulta ser su madre de la vida anterior. Podría no sentir amor por ese hijo y abandonarlo, dándole la oportunidad de vivir la misma experiencia y aprender así cómo se sienten el abandono y el desamor.

Las personas que son testigos de esta situación tenderán a juzgar a la madre por abandonar a su hijo, pero en realidad ella está cumpliendo el karma y dando a la otra conciencia la experiencia que podrá liberarla del karma que fue creado en una vida anterior. Así que, a menos que puedas leer los archivos kármicos y ver lo que realmente hay en el corazón de cada uno, es mejor no juzgar las acciones que parecen crueles o anormales. Puede tratarse de una acción de cumplimiento de una deuda kármica.

Puede que también, en ciertas ocasiones, una situación cuyo propósito sea cumplir y despejar karma se vea muy parecida a una situación que crea más karma. Pero existe una diferencia. Si estás viviendo una situación que realmente te remece y te desagrada y tú no sabes bien de qué se trata, es muy posible que igual estés creciendo y que estés avanzando en tu camino espiritual. La mejor forma de determinarlo es buscando en tu fuero interno si existe alguna sensación de alegría, por muy sutil que sea, incluso en medio de las penas, el sufrimiento y la angustia. Si en ti todavía hay una parte que afirma: "Todo está bien, porque estoy aprendiendo y creciendo", es probable que estés despejando una situación kármica. Y puede que haya otras situaciones en las que te sientas molesto y afectado, y que sepas que no estás aprendiendo nada y tampoco creciendo.

En esas oportunidades no estás ni liberando ni despejando karma, sino simplemente atravesando por situaciones que tú mismo promoviste, y es probable que al problema original le sumes la crítica que te haces a ti mismo al sentirte enojado y molesto por haber creado esa situación. Si es así, lo tendrás que manejar más adelante. Pero si te involucras en una situación en la que no estás despejando el karma, no te juzgues ni menosprecies. Atraviesa la situación, dala por concluida lo más rápido posible y sigue adelante. No mires para atrás porque eso no sirve de nada. No te agobies con culpas o remordimientos que tendrás que resolver después. Sólo déjalo ir.

Cuando una situación sea la manifestación de una liberación kármica, percibirás cierta calma en tu estado de alteración. En medio de todo el desequilibrio sentirás un equilibrio. Aunque lo parezca, no es un contrasentido. Más bien es una descripción de lo que sucede en dos niveles de tu conciencia simultáneamente. Un nivel está despotricando y el otro diciendo: "Anda, sácatelo de encima para que puedas seguir avanzando. Tú dejaste que se acumulara, así que ahora te toca despejarlo. Resuélvelo ahora que tienes la oportunidad; ponle fin para que puedas seguir adelante".

Los despejes personales suelen tener mucha importancia, especialmente cuando uno ha dejado que la rabia y los malentendidos se acumulen en la conciencia. Es necesario que seas libre para acceder a los planos espirituales y llegar a la conciencia de Dios. No puede limitarte el resentimiento que sientes hacia tu jefe por la forma en que te trató hace un año y medio atrás, o la semana pasada. No puede limitarte lo que te dijo tu marido sobre el vestido que te hiciste. Ese tipo de cosas tienen que despejarse y equilibrarse y hay dos maneras de hacerlo:

1) puedes acercarte a la persona con quien tuviste el malentendido y platicar con ella; explícale cómo te sentiste, comunícate de una manera honesta y abierta, y despejar el aire así; o

2) puedes liberarlo directamente de tu propia conciencia simplemente dejándolo ir, no poniéndole más energía, no preocupándote más, y borrarlo así de tu conciencia.

Cualquiera de las dos formas funciona. Una actitud que ayuda bastante es reconocer que la gente hace lo mejor que puede todo el tiempo, considerando lo que están trabajando y la etapa en que se encuentran en su propio desarrollo.

Si tu jefe te grita, tal vez no tengas que tomarlo de manera personal, ya que puede que él haya tenido una discusión con su mujer la noche anterior y que ésta lo haya echado de la casa. Es posible que tú le recuerdes a alguien con quien haya tenido dificultades en el pasado, y una parte de su conciencia asume que eso se va a repetir. Quizás tú y él tengan una relación kármica, en la cual el trabajo que tiene cada uno es aprender a comunicarse con el otro y a amarlo. Las posibilidades son tantas. No sirve de mucho tratar de dilucidar cuál de todas las posibilidades se aplica en este caso. Puedes asumir que su comportamiento tiene una razón de ser y que es importante para ambos superar sea cual sea el inconveniente, y no crear uno mayor producto del resentimiento, la resistencia y demás emociones negativas. Una comunicación honesta puede permitirte reconocer su motivación

e identificarte con ella, comprendiendo sus senti-
mientos, y conectarte con el amor.

Cuando alcanzas una conciencia más elevada, llegas
a la realización de que todos somos uno en el Espíritu
sólo que con muchas manifestaciones diferentes. Así
que si golpeas a alguien te estás golpeando a ti mismo y,
en consecuencia, esa acción regresará a ti. Si maldices a
alguien, esa maldición retornará a ti, ya sea en esta vida o
en otra, pero definitivamente volverá.

Todo lo que exteriorizas regresa a ti. Debes considerar
muy detenidamente las acciones, las palabras, los pensamientos y las emociones que pones en movimiento,
asegurándote de que sean del tipo de cosas que quisieras
que se te devolvieran. Muchas veces el tiempo transcu-
rrido entre la instigación de una acción y su resultado,
entre la causa y el efecto es comparativamente largo. Ésta
es una de las razones que hacen que sea tan difícil para
las personas reconocer la relación entre una causa y su
efecto. Si robas un carro para ir a una fiesta a los dieci-
séis años y veinte años después un grupo de muchachos
te roba tu automóvil nuevo y te lo destroza, tal vez te
resulte difícil ver la conexión entre los dos eventos, pero
allí está. Es una acción tuya que se te devuelve.

Si por alguna razón no puedes resolver tu karma
en el plano físico, puedes hacerlo en el plano astral
(que aparentemente es muy parecido al físico). Puede

suceder cuando duermes y lo recordarás como si hubiera sido un sueño. O podría suceder cuando estás despierto. Te daré un ejemplo.

Hace muchos años, un médico me contó una experiencia muy interesante. Me dijo que hacía poco había dado a luz un par de mellizos.

—¿Y qué? Ése es tu trabajo—le dije.

—No dije que hubiera asistido en el parto de una mujer que tuvo mellizos; los tuve yo— me respondió.

Le pedí que me lo explicara mejor ya que la situación sonaba a un fenómeno de la medicina, cuanto menos.

Me contó que una paciente suya había quedado embarazada y que a los tres o cuatro meses de embarazo ella y su familia se habían ido de la ciudad. Un tiempo después, un día el médico comenzó a sentir intensos dolores de parto. Ésa era la única manera en que pudo describir lo que le había sucedido. Y no sólo sintió que había dado a luz a un niño, sino a dos. La experiencia había quedado registrada en su consultorio; la enfermera estaba al tanto de lo que había sucedido ya que él no sabía qué debía hacer, si llamar a una ambulancia e ir al hospital, o quedarse en la consulta.

Estaba seguro de que no era un ataque al corazón porque el dolor no lo sentía en el área del pecho. Por un momento pensó que podía tratarse de una afección intestinal de algún tipo, pero por alguna razón estaba seguro de que tampoco era eso. Padeció tremendos dolores durante largo rato. Después de que el dolor hubo pasado, habló con su enfermera.

—¿Sabes? No me siento cómodo al decirte esto, pero es como si hubiera tenido mellizos.

—No es raro que un padre experimente los síntomas de dolor cuando su mujer está dando a luz—rió la enfermera.

—Pero si mi mujer no está ni siquiera embarazada—replicó él.

Pasó la experiencia, y ambos—de cierta forma—se olvidaron de ella, hasta que él se enteró de que su ex paciente había tenido mellizos. Verificó el día y la hora del parto de ella y comprobó que coincidía con el momento de su experiencia. Él está seguro—y ciertamente hay pruebas verificables—de que él se sintonizó y tuvo empatía con la paciente, experimentando el patrón de parto de la misma forma que ella.

Revisando sus experiencias de vidas anteriores, en una de ellas él—siendo mujer—había creado una situación kármica con un patrón muy similar y no la había resuelto. Se había comprometido a romper conscientemente ese patrón de encarnación en esta vida, así que era muy importante que él tuviera esa experiencia para poder completar el karma y atar los cabos sueltos para continuar su camino libremente. Como en esta vida era hombre, estaba imposibilitado de vivir una experiencia de parto directamente, por lo que había tenido la experiencia de dar a luz a nivel psíquico.

—Fue real y muy doloroso—dijo.

No obstante la mujer había sido anestesiada mientras daba a luz los mellizos y no había sentido dolor alguno. Él había tomado aspirinas e incluso había llegado a inyectarse calmantes para aplacar el dolor, cosa que no le había servido de nada porque el dolor era psíquico y no físico. Esa experiencia de dolor intenso había sido parte de su liberación kármica, y necesaria en la experiencia. Le había ayudado a comprender a nivel consciente cuál era la situación kármica y por qué él tenía que vivirla, aunque saberlo conscientemente no era un requisito para liberar el karma. Haber tenido la experiencia y atravesarla, eso había sido lo importante.

A menudo ocurren cosas que no parecen tener una explicación lógica. Por ejemplo, una criatura nace deforme, ciega o sorda, y le provoca gran dolor y angustia a la familia y a veces incluso a la sociedad. La dinámica de cumplimiento del karma explica muchas de estas circunstancias. Veamos otro ejemplo. En la antigüedad, a veces se castigaba a una persona cortándole una mano o la lengua. Pero si la persona que ejecutaba el castigo se hubiera involucrado en la experiencia hasta el punto de hacerlo sin que fuera necesario, por placer o injustamente (aunque la acción estuviera aprobada por ley), es muy probable que en la siguiente encarnación haya nacido sin una mano, sin un brazo o con la imposibilidad de hablar. Se le permitirá tener esa experiencia para que entienda de qué se trata y qué se siente para que pueda equilibrar la deuda kármica.

Si alguien ejerce una forma de sadismo en una vida, puede convertirse en el hijo o en el cónyuge de un sádico en la vida siguiente o en una vida futura. Las posibilidades son complejas e infinitas y dependen de un sinnúmero de variables en las situaciones, actitudes, intenciones, etc. Pero la ley del karma determina que se haga perfecta justicia.

Cuando conoces las leyes kármicas y te ocurre algo que te parece injusto en el estado de conciencia en el que te encuentras, simplemente sabes que puedes dejarlo ir. Sabes que si es injusto, la otra persona tendrá que rendir cuentas de eso a través del Espíritu. No es necesario que tú hagas nada. No tienes que vengarte. No tienes que buscar la revancha. No es necesario que pienses en eso. No tienes que quedar enganchado a la experiencia en ningún sentido. Aprende lo más que puedas de la situación, déjala ir y pasa a la siguiente experiencia.

Estarás abierto y presente para tu próxima experiencia que puede ser muy hermosa si no enganchas en expresiones negativas de venganza, dolor, desesperación, etc. Si por el contrario decides dejarte atrapar por los aspectos negativos, es posible que bloquees la experiencia que se te iba a presentar. Es muy importante que te mantengas en movimiento en tu conciencia y que no te aferres a patrones viejos y dolorosos. Déjalos ir lo más pronto posible y prosigue con el diario vivir. Sentirás así que tu vida es mucho más placentera y feliz.

3
Aprende *las* Lecciones *y* Regresa *al* Hogar

La gente que decide estudiar en el MSIA trabaja con el Viajero Místico, que es una conciencia espiritual presente en todos los ámbitos de la creación de Dios. Existe dentro de todos nosotros y funciona de guía hacia los niveles superiores del Espíritu, que es la realidad mayor de Dios. El Viajero puede ayudarle a la persona a despejar karma (equilibrar las acciones del pasado), y su trabajo se lleva a cabo internamente, en los niveles espirituales.

Sus estudiantes tienen la posibilidad de liberarse de la rueda de la encarnación en esta vida, establecerse en el reino del Alma, vivir en libertad mientras están aquí y elevarse en conciencia a los planos superiores del Espíritu puro al morir físicamente. Ésta es la promesa que hace el Viajero Místico; ésta es la forma en que se enseña la Trascendencia del Alma.

Como expresión de la conciencia del Viajero Místico, parte de mi trabajo con los estudiantes del MSIA es establecerlos en la conciencia del Alma. Con este fin se les brinda mucha ayuda para que puedan cumplir con su karma y aprendan a no acumular más. Con frecuencia, cuando alguien empieza a trabajar dentro del contexto del MSIA, da la impresión que sus "problemas" aumentaran porque comienza a procesar su karma con mayor velocidad. Tanto el karma del pasado, como el que se crea día a día, se le devuelve rápidamente: a las horas o días, en lugar de años después o en vidas posteriores. Por ejemplo, si una persona "explota" de rabia consigo misma o con alguien más, y está que "echa humo" por dentro, puede que coja el automóvil para calmarse y que un cuarto de hora más tarde su radiador explote y empiece a echar humo a borbotones. Eso es karma instantáneo: causa y efecto. Entonces la persona lo soluciona, el problema se acaba y todo se despeja. Estas cosas suceden muy rápido y el afectado puede pasar directamente a otra cosa.

Las relaciones que se han ido deteriorando lentamente durante años pueden sufrir un colapso súbito, forzando a las personas a encarar la situación, obligándolas a comunicarse y a aclarar las cosas. Puede que dicha relación se restablezca y que sea mejor que antes, o que se acabe. En cualquier de los dos casos, las cosas se aclaran para que ambas personas puedan gozar de una libertad mayor.

La Luz, que es la fuerza de energía con la cual se les enseña a trabajar a los estudiantes del MSIA, se origina en los planos superiores y positivos de Espíritu puro. Su energía es positiva. Su fuerza puede ser utilizada únicamente por amor y para el bien mayor de todos. No puede herir, dañar o destruir. Pero es capaz de activar la negatividad que ha estado latente por mucho tiempo, traerla presente a la conciencia y lograr que se despeje. La palabra "Luz" (en inglés) crea una sigla que significa "Vivir en los Pensamientos Sagrados de Dios". En realidad, la Luz es la esencia indescriptible de Dios.

Cuando las personas comienzan a despertar conscientemente a estas enseñanzas y expresan interés en ellas, se les lleva durante el "viaje nocturno" (el estado de sueño en que la conciencia física descansa y la conciencia superior es libre para viajar a los otros planos) y se les muestran los archivos de su karma pasado y también del karma con el que trabajarán en esta vida. En ese momento deben decidir si quieren trabajar con las energías más elevadas, siguiendo este sendero de desarrollo espiritual y ocuparse conscientemente de completar su karma, o si desean continuar con su patrón de vida teniendo menos conciencia con respecto a las realidades espirituales y sin la guía directa de la conciencia superior.

Si alguien a nivel consciente decide trabajar con la conciencia del Viajero Místico y aprender el camino de la Trascendencia del Alma, se le otorgará gran protección y gracia. No hay nada que pueda lastimar a los estudiantes, a no ser que ellos mismos nieguen las enseñanzas o bloqueen el trabajo y, aún en ese caso, el daño provendría únicamente del poder negativo. Cuando el Viajero Místico trabaja contigo en la conciencia superior, durante los viajes nocturnos te guía al reino del Alma, a los reinos de Espíritu puro, y luego te hace descender a los planos inferiores de la ilusión para ayudarte a resolver el karma que has acumulado. Los cinco reinos inferiores, incluyendo el físico, son tierras de la ilusión. Cuando los experimentas es como estar en un parque de diversiones, en la casa de los espejos distorsionados y los paneles de vidrio transparente que pueden confundirte y tú, perderte en la experiencia.

Cuando el Viajero Místico te lleva a los planos superiores es como si de pronto te sacaran del parque de diversiones y pudieras ver claramente todos los diferentes senderos, dónde comienza el laberinto, dónde termina, cuáles atajos no tienen salida, y así siguiendo. Todo se vuelve muy claro y puedes ver el sendero que quieres tomar. Cuando regresas a la conciencia física al despertarte en la mañana, es posible que olvides los detalles específicos de dónde estuviste y lo que aprendiste durante el viaje nocturno, pero la esencia permanecerá en ti y sabrás que estás en el camino correcto.

Cuando llegas al reino del Alma (el sexto plano) y más arriba, no hay karma que resolver. Estás en Espíritu puro. Es por eso que el Viajero Místico enseña la Trascendencia del Alma. Alcanzamos el Alma y luego descendemos a través de los planos inferiores de Luz, pero manteniendo la conciencia del Alma. De esa manera, cuando procesas el karma, lo haces desde un estado de pureza. Es como pisar una pila de estiércol llevando botas que nos cubren hasta los muslos. El Alma protege a la conciencia. El Alma se envuelve dentro de la forma de cada plano para que no acumules más karma y, a la vez, seas capaz de seguir haciendo el trabajo.

Estás procesando karma aquí en el plano físico, pero también tienes karma que procesar en los otros planos. Hay karma en el plano astral, el causal, el mental y el etérico. Puedes resolver tu karma en el plano físico haciéndote cargo de tus situaciones kármicas. Cuando enfrentas una situación sabes que tienes dos alternativas: luchar o huir. Pero al final tendrás que enfrentarlo todo, inevitablemente. Podrás superar la situación cuando hayas enfrentado el "problema" o experiencia, y ejercitado tu sabiduría en las decisiones que tomes. Pero deberás dominarla.

Cuando el Viajero trabaja contigo, tienes la posibilidad de procesar tu karma físico en otros planos durante el viaje nocturno. Tal vez en el pasado hayas sido un conductor irresponsable y causado varios accidentes, pero que ninguno de ellos te haya afectado a ti directamente. Los Señores del Karma pueden haber incluido un accidente grave en tu plan kármico, que será una lección para que aprendas a ser responsable en la carretera. (Recuerda que éste es un plan que tú mismo ayudaste a crear y que te has comprometido a cumplir). Si en el viaje nocturno vemos que no es necesario que tengas la experiencia concreta a nivel físico, es posible que podamos modificarla y permitirte que vivas la experiencia de un accidente automovilístico en otro plano.

Traerías de vuelta el recuerdo del accidente a través de un sueño muy vívido en el que oigas los frenos, sientas que el auto pierde el control, escuches el sonido del metal retorciéndose, el impacto, tu cuerpo arrojado por el aire y te despiertes cubierto de un sudor frío, temblando a raíz de la experiencia. Ésa ha sido tu lección, y fue lo suficientemente real como para que te quedara claro que debes conducir con más cuidado en el futuro. Cumpliste con el karma, pero mediante la gracia que te fue otorgada no tuviste que experimentarlo físicamente ni sufrir las consecuencias físicas de un accidente grave.

Si en el pasado tuviste dificultades con tus padres y te fuiste de casa dejando muchos problemas sin resolver, puede que te despiertes una mañana con el recuerdo de haber estado con tus padres en un sueño y haberles dicho cuánto los amas y compartido con ellos tu felicidad presente. Es posible que tus padres te llamen por teléfono ese mismo día para decirte cuánto te quieren. Estas cosas ocurren. Aunque pueda parecerlo, no es una casualidad. Puedes dejar ir muchos sufrimientos y resentimientos que han estado contigo por años durante el viaje nocturno, en el estado de sueño.

La conciencia del Viajero funciona en todos los niveles de conciencia, en todos los planos de la Luz, y trabaja contigo de manera dedicada para liberarte de los planos negativos. Para llegar a la conciencia del Alma y establecerte en el plano del Alma y liberarte de la rueda de la encarnación, debes completar todo el karma de los planos inferiores: astral, causal, mental y etérico, así como físico.

Puede que el plano astral esté muy cargado emocionalmente por lo cerca que se encuentra de la tierra, y es también el plano de la imaginación. Así que cuando estás trabajando en el reino astral puedes tener sueños marcadamente imaginativos. Cuando llegas al plano causal, por lo general encuentras que los sueños son muy emocionales y el karma involucrado es también de alto contenido emocional. Los sueños del plano mental reflejan aspectos mentales de la conciencia; puedes soñar que estás en clases aprendiendo muchas cosas. Tal vez no tengas ningún recuerdo de los sueños del plano etérico porque éstos se relacionan con el inconsciente. Y si los recuerdas, serán más que nada impresiones y no imágenes claras. Para trabajar este karma se usan sobre todo la imaginación y las emociones.

Muchas veces, en el estado de sueño creas a tu alrededor campos ilusorios que te parecerán muy reales y te proporcionarán una estructura mediante la cual puedes completar tu karma. Quizás no te des cuenta de que fueron creados a través de la ilusión y que te asustes de sobremanera. Es real que puedes asustarte a ti mismo con lo que creas. Muchos de los temores que has producido durante el día se transforman en "realidad" en el plano astral. Probablemente la mayoría de tus pesadillas sean un encuentro con esos "monstruos" que tu mismo has creado. Todo eso es una ilusión. Desaparecen en el instante en que te enfocas en otra cosa y niegas su existencia. Parte de tu entrenamiento durante los viajes nocturnos es aprender a discernir entre la realidad y la ilusión. Cuando hayas percibido y enfrentado toda la ilusión, descubrirás que lo único que queda es el Alma y entonces habrás llegado a casa siendo libre.

4
LOGRA *que el*
VIAJE *sea* PLACENTERO

La forma más fácil de mantenerte libre y lejos de las relaciones kármicas contigo mismo tiene que ver con tu actitud. Hay muy pocas cosas en nuestro mundo que sean intrínsecamente "buenas" o "malas", excepto cuando las clasificamos como tales. Así que, si quieres mantenerte libre y lejos de ellas, es importante que hagas la menor cantidad de juicios posible y que tengas una actitud neutral lo más que se pueda. Si has tenido "un día de perros", y lo llamas "un día de perros", debes darte cuenta de que estás colocando otra vez esa actitud en tu conciencia y que cosecharás lo que siembres.

Es útil que evalúes tu posición día a día. Si compraras acciones en el mercado bursátil, probablemente harías una evaluación para decidir cuáles de ellas comprar. Y, por supuesto, comprarías acciones "buenas". Pero ¿cuáles son las "buenas" y cuáles son las "malas"?

Naturalmente, las buenas acciones suben y las malas bajan. "Bueno" y "malo" son juicios; "arriba" y "abajo" son descripciones de un comportamiento. Claro que te conviene comprar acciones que estén al alza, pero no te olvides de que las que hoy están a la baja mañana podrían subir y transformarse en "buenas".

Así que "bueno" y "malo" no son términos absolutos y, por lo mismo, podrían catalogarse de ilusiones. Todo lo que sucede realmente con las acciones es que suben y bajan constantemente. Si dices que algunas son "malas" y luego empiezan a valorizarse, quizás sea difícil aprovechar la situación de alza porque ya las catalogaste de "malas" en tu fuero interno y tienes que defender tu forma de pensar. Así no puede funcionar. Pero si observas cuáles acciones están al alza y cuáles a la baja y sigues su evolución, tu posición será de libertad y estarás listo para aprovechar cualquier oportunidad que se te presente con cualquier valor en el mercado. No habrás bloqueado ninguna posibilidad y todos los canales estarán abiertos.

Un proceso muy similar ocurre dentro de ti con otras cosas. Si catalogas ciertas cosas como "malas" y las mismas empiezan después a cambiar ofreciéndote buenas perspectivas, puede que para ti sea muy difícil involucrarte en ellas porque ya te has puesto en su contra. Si empiezas una carrera nueva y no pasas el

primer examen, tienes dos alternativas: decidir que eres
un fracaso y que el profesor es "malo", "muy estricto" o
"injusto", o simplemente tomar nota de que reprobaste
el primer examen y usar la experiencia y el discerni-
miento para decidir estudiar más seriamente y prepararte mejor para el examen siguiente.

Si te catalogas como un "fracasado", estás creando
tu propio fracaso y quizás te resulte difícil aprobar los
exámenes siguientes. Si tildas al profesor de "malo", tal
vez tengas dificultades para hacer las tareas con una
actitud positiva y alcanzar el éxito en la asignatura. Pero
si usas la experiencia de no haber aprobado el examen
para transformarte en un mejor estudiante, tus posibilidades de que te resulte muy fácil pasar los exámenes y
aprobar el curso aumentan.

Encasillar negativamente algo o a alguien puede
tener muchas ramificaciones en tu conciencia. Si has
catalogado a tu pareja de "sucio, bueno para nada y un
hijo de tal por cual", puede ser muy difícil dar vuelta
las cosas y expresarle amor después. Te va a costar
acercarte y decirle: "Te quiero". Lo que tienes que hacer
es librarte de la negatividad: llénate de oxígeno, sal a
algún lado, camina, emborráchate o haz cualquier otra
cosa. ¿Por qué? ¿Qué es lo que sucede?

Cuando insultas a tu pareja, juzgas el amor que
depositaste en esa persona y, por lo tanto, eso te hiere.

Rechazas tu amor, rechazas a la persona que amas. Estás dolido porque te has rechazado a ti mismo, y lleva tiempo superar un juicio contra tu amor. Más bien lo deberíamos llamar afecto, porque si fuera realmente amor, ese amor fluiría sin poner condiciones. Los niveles de afecto, en cambio, a menudo se transforman en dolor y rechazo. Así que, si quieres tener alegría, paz y armonía, deposita dentro de ti la semilla del amor puro, no del afecto, a no ser que el afecto sea una consecuencia del amor. En ese caso, el afecto es bueno porque ha sido templado y equilibrado con sabiduría y gozo.

Muchas veces, el afecto trae aparejados patrones de control (o intentos de control), depresión, rechazo y sufrimiento. Todos hemos pasado por eso, y ya sabes a qué me refiero. Mientras sigas depositando esa semilla en ti, eso mismo es lo que volverás a cosechar. Pero no tienes necesidad de recrear esta situación indefinidamente. Puedes cambiarla en el momento que desees y reemplazarla por amor puro.

Puedes empezar inmediatamente, tal como estás. ¿Tienes mal genio? Observa lo que ocurre, evalúa de qué se trata. Veamos qué es el mal genio. Es un mecanismo de defensa; si alguien te ataca, el mal genio te hace saltar para protegerte o proteger a tus seres queridos. Pones dentro de ti la semilla auto-defensiva y nadie se atreve a atacarte. Luego tienes que intentar defender tu posición auto-defensiva, pero si ésta es falsa, habrás perdido la oportunidad de experimentar lo que otra persona te ofrece y quiere compartir contigo.

Hay muy pocas cosas en este planeta que no puedan verse de manera objetiva y desapasionadamente. Puedes llegar a ver el valor que tiene cualquier punto de vista si lo analizas con una conciencia clara. Es por eso que tu madre puede tener razón, tu esposa puede tener razón, la editorial del periódico puede tener razón: todos pueden tener razón desde el punto de vista en que ellos miran. Esto no significa necesariamente que tengas que someterte a la verdad de ellos, pero puedes reconocer que desde su perspectiva, tienen razón. Y a pesar de todo esto, tienes derecho a vivir tu vida como quieras.

Cuentas con el potencial para aprender de todos cuántos se crucen por tu camino. En la expresión de todos hay una dosis de verdad, y es probable que en la expresión de todos también haya ilusión. Cuando evalúes los acontecimientos, si simplemente los observas y mantienes una actitud neutral y objetiva, podrás atraer las cosas que te sirven en el presente y evitar las que no te sirvan, sin bloquear la posibilidad de que puedan llegar a tener algún valor para ti en el futuro. Permite simplemente que las experiencias fluyan y toma de ellas lo que quieras. Y lo que no quieras, déjalo pasar.

Te daré una analogía. Si estuvieras visitando una mina de diamantes y alguien dijera: "Durante treinta segundos pueden tomar todos los diamantes que quieran de la banda transportadora", se verían reacciones muy interesantes. Algunos empezarían a tomar los diamantes con una mano y luego con la otra. Esto es una tontería, porque en cuanto tienes las manos llenas con unos pocos diamantes no puedes continuar recogiendo; pero si pones la mano sobre la banda transportadora y desvías los diamantes hacia ti durante los treinta segundos, recogerás muchos más. Después de todo, si vas a ser codicioso es mejor que seas bueno y codicioso, e inteligente y codicioso, y no codicioso y tonto. Recoge todo lo que puedas, para que cuando los treinta segundos se hayan terminado no te vayas lamentándote: "Si los hubiera agarrado más rápido...". Cuando te lamentas, estás viviendo en el pasado. Cuando vives en el "aquí y ahora", dices: "Hice lo mejor que pude. Recogí todo lo que pude". Y el tema concluye en ese mismo momento.

Mientras estés sobre el planeta, absorbe lo que más puedas en todos los niveles de tu experiencia, en todos los niveles que favorezcan tu propio desarrollo. Porque tan pronto agarres algo, habrás perdido otra cosa; algo pasará de largo por tu lado. Por eso es que debes mantenerte abierto y flexible y simplemente seguir moviéndote. En cuanto se te presente una nueva experiencia, tú estarás listo para aprender de ella. No estarás perdido en tu mente, lamentándote de lo que sucedió en el pasado o ensoñando acerca de lo que podría suceder en el futuro. Estarás "aquí y ahora". Debes mantenerte constantemente ajustando tu posición al "aquí y ahora".

En el plano físico nada es permanente. Todo cambia. Mantente flexible en este nivel. Cuando un edificio empiece a desmoronarse, no te quedes parado tratando de demostrar que tú tienes razón. Quítate del camino. Muévete. Ahora, una de las condiciones que es bastante permanente en este nivel durante esta vida es el hecho de ser hombre o mujer. Hay cosas que son como son y es bueno cooperar con ellas. Pero hay otras que son mucho más versátiles. No estoy hablando de características físicas en realidad, como el color de tus ojos (aunque eso también se puede cambiar usando lentes de contacto o no durmiendo durante varias noches seguidas). Este cambio puede no ser permanente, pero ¿crees que el color de tus ojos será siempre igual? Veremos qué color tienen de acá a ciento cincuenta años.

Muchos niveles son aptos para el cambio. La gente dice: "Cambiaste de idea". Es por eso que tienes ideas: para cambiarlas. Y es por eso que debes practicar el cambio: para cambiar cuando sea necesario. Si tratas de mantener una posición estática, tal vez tu esfuerzo por mantenerte inamovible y no doblegarte ni un ápice termine por quebrarte y hacerte caer. Y después estarás lamentándote. Vas a sobrevivir si, cuando ves que se aproxima un tornado, tienes el sentido común de apartarte de su camino. Pero si dices: "Voy a pararme aquí en medio de este viento, y no importa su fuerza porque yo seré fuerte", las cosas pueden ponerse bastante difíciles. Cuando reconozcas que no puedes hacerle frente a algo, vuelve a intentarlo una y otra vez, y así aprenderás a fluir con la vida. Eso es importante.

Una lección importante de aprender aquí es la de ser flexibles, lo que no significa ser "ni fu ni fa" necesariamente. Ser flexibles implica fortaleza y sabiduría. Se requiere de gran fortaleza para cambiar de forma de pensar cuando ya no puedes defenderla y reconocer: "He estado a favor de una idea que ya no es válida". Si alguien te dice que estás equivocado por querer cambiar, puedes contestarle: "Si quieres llamarlo así, está bien. No puedo seguir defendiendo esa forma de pensar; mi punto de vista actual es éste. Acabo de cambiar de opinión". Si se ríen de ti y te ridiculizan, no cedas a esas presiones ni a la extorsión social; no retomes tu vieja forma de pensar para "darles su merecido". Demuestra tu propia fortaleza manteniendo el cambio, tu nueva forma de pensar.

Déjame que te dé un ejemplo. Un marido llega a su casa e invita a su mujer a bailar a su discoteca favorita.

Ella no tiene ganas de salir pero él la convence. Ella se arregla y él le dice:

—¿Vas a usar ese vestido?

—Ahora si que no voy— responde ella.

Eso es chantaje; ella volvió a su posición anterior para darle a él su merecido. Estaba lista para salir a divertirse, y sólo para darle una lección retomó su forma de pensar anterior. Con una reacción de ese tipo nadie puede probar nada. Ni siquiera tú puedes probarte nada a ti mismo.

Por lo general, cuando piensas que estás lastimando a otra persona, en realidad te estás lastimando a ti mismo. Y cuando te canses, cambiarás. Si te gusta sentirte miserable, anda y diviértete. Aguanta. ¿Ya te hartaste? ¿Quieres cambiar? Entonces cambia. Si la esposa desea salir a dar una vuelta en vez de ir a bailar y el marido se siente feliz con eso, qué bueno por ambos. Pueden salir y divertirse juntos. Pero si él conduce amargado porque quiere ir a bailar—tratando que ella se de cuenta de lo deprimido que está y castigarla porque se niega a hacer lo que él quiere—, ella sería muy tonta si cayera en su juego.

Nadie debería dejarse manejar por los estándares artificiales que le impone la depresión de otro. Son demasiadas las veces que la gente adopta la siguiente actitud: "Soy dueño de la verdad y tengo autoridad, así que tienes que hacer lo que yo diga". Y si no tienen una respuesta para tu pregunta, tal vez estén pensando: "Te voy a decir cualquier cosa, total tú tampoco sabes la respuesta, así que no podrás probar que estoy equivocado". Esto pasa con mucha frecuencia. Pero el problema es que un buen día, la otra persona averigua la verdad y te encara: "Me mentiste". Y la semilla que plantaste es ahora tuya; las consecuencias de tus mentiras son sólo tuyas.

Es imposible vivir con embusteros y tramposos porque no se puede confiar en ellos. Nunca sabes con qué te van a salir. Y tampoco puedes reconocer cuando realmente te están diciendo la verdad porque te han confundido con tantas mentiras. No puedes confiarles las cosas que son sagradas para ti, pero quizás debieras guardar esas cosas para ti mismo de todas maneras. No es necesario que confíes en nadie más si confías en ti mismo.

Permanece en el reino de la honestidad y la verdad dentro de tu conciencia. Cuando haces eso, puedes elevar a los que te rodean. Incluso puedes transmutar su falta de honradez si decides dedicarle la energía necesaria. Cuando alguien te diga alguna cosa, puedes contestarle: "¡No me digas! Suena bien", sin necesidad de adoptar la información que te están dando. Obsérvala cuidadosamente y ve si se relaciona contigo. Asegúrate de que cuando coseches lo que sembraste vayas a ser feliz. ¿O vas a involucrarte en una situación que te creará culpa y te obligará a regresar nuevamente a este plano de existencia para resolverla?

No te involucres en ninguna situación que te cause el más mínimo remordimiento y te haga pensar: "Lástima, no fui totalmente honesto". Eso es culpa. "Aunque la mona se vista de seda, mona se queda"; es decir, por muy "pequeña" que sea la culpa, sigue siendo culpa. El grado de culpa es importante, claro, porque cuánto más culpa sientas, más intensidad le pondrás a tu existencia y cuanto más intensidad le pongas a tu existencia, más te atarás al campo de fuerza de este planeta. Y luego tendrás que volver al campo de fuerza y evolucionar otra vez.

Una de las claves más importantes es cuidar tu actitud. Recuerda, las acciones no son ni "buenas" ni "malas", porque ése es un juicio. En este preciso momento sólo están en alza o en baja, y ésa es una evaluación. Todo lo que tienes que hacer es evaluar las situaciones. No le agregues un juicio de valor o una crítica moral. En el Alma no existe la ética; sólo existe lo que es. La personalidad tiene moral. Te enjuiciará, te dirá que siempre tiene razón, te insultará y hasta puede llegar a agredirte. Pero el Alma está tratando de atravesar todos esos niveles de semillas y malezas que plantaste.

A veces toma mucho tiempo atravesar todos estos campos, poder desmalezarlos y limpiarlos para recuperar un terreno que sea fértil. Y todo esto hay que hacerlo antes de volver a la "partida" y dar el primer paso en el camino espiritual. Si hay mucha maleza, tal vez no lo logres esta vez. Pero irás por buen camino porque estarás despejando todo aquello que no necesitas. No debes agregarle más.

Muchos tratan de "agregarle más" leyendo más, haciendo más, trabajando más, jugando más. Pero otros han empezado a darse cuenta de que tienen que desaprender mucho de lo que han aprendido: en la escuela, en la iglesia, en la sociedad, de los padres, etc. Éste es el momento de hacer una verdadera introspección y descubrir qué funciona para uno y qué no. Sabiduría es usar las cosas que te funcionan, en tanto te funcionen, y deshacerte de las que no te sirvan.

El patrón nuevo consiste en soltar las cosas que te agobian—viejas costumbres, negatividad, apegos, deseos, como quieras llamarlas—y quedar libre. Siendo libre, pasarás automáticamente de este nivel de existencia a aquel que pueda conducirte hacia tu libertad. Si no llegas a elevarte lo suficiente con la libertad que alcanzaste, regresarás a la Tierra para adquirir mayor libertad y elevarte mucho más alto. Vas a decidir regresar, porque desde el punto de vista espiritual verás cuán perfectamente lo puedes hacer, cuánto puedes experimentar y aprender y cuán alto puedes llegar.

Así que regresarás y tal vez pierdas gran parte de esa visión al quedar atrapado en las ilusiones de este mundo una vez más. Pero es bueno saber que—sin importar cómo percibas tu vida o cómo percibas el cosmos—todo está en el lugar que le corresponde, haciendo lo que debe, comportándose de manera absolutamente correcta. Incluso esa pequeña sensación de depresión, ese pequeño pensamiento de suicidio que pudiste haber tenido te hicieron despertar. Te despertaste de ese estado a una conciencia mayor y ahora puedes elevarte aún más.

El Alma encarna en la Tierra para adquirir experiencia. Cuando hayas completado alguna experiencia, no tienes que volver a repetirla, a menos que vuelvas a crearla. Estarás ganándote tu libertad si aprendes de todo lo que acontece y si usas todo lo que te pasa como una oportunidad para aprender y elevarte. Así que aprende de las experiencias de tu vida. Ponte objetivos bien altos y luego anda tras ellos. No dejes que nadie ni nada te desvíe de tu camino. Crea sólo lo mejor para ti.

5

Si Planeas Viajes

a Futuro

M e gustaría contarte cómo puedes prepararte para tu próxima encarnación. Si vas a nacer otra vez, con la apariencia o de la forma que sea, es mejor que sepas algo al respecto. Alguno de los que trabajan con las enseñanzas del MSIA romperán los patrones de reencarnación, pero muchos otros van a tener que regresar. Es obvio que no todos optarán por las filosofías superiores y trabajarán con ellas, por lo que no accederán a la conciencia mística en esta vida. Existirán dentro de los mundos psíquico-materiales, en los mundos de la negatividad, pero conocer la verdad sobre la reencarnación les servirá de gran ayuda. Muchos empezarán reconociendo que no son la única forma de conciencia que existe.

En este preciso instante de tu existencia, has alcanzado este punto gracias a ciertos procesos que han tenido lugar en tu conciencia, en tu inconsciente o en tu conciencia superior. No es necesario acceder a todos esos niveles; basta con reconocer que hay niveles de conciencia y que éstos tienen un impacto profundo en tu desarrollo espiritual. Constantemente todos estamos intentando resurgir como algo nuevo: "¡Un año nuevo! ¡Aleluya! Ahora sí que voy a crecer de verdad". Y preparas tus resoluciones para el nuevo año. Pero, a menudo, el nivel de expectativas que tienes no coincide con la realidad. Por lo general, las personas que viven un año bueno son aquellas cuyas expectativas concuerdan con la realidad y por lo tanto se sienten en equilibrio.

Si decidieras cambiar algo dentro de ti y convertirte en otra personalidad, ¿quién serías? ¿Qué serías? Piénsalo. ¿Cómo sería tu próxima vida? ¿Cómo te gustaría que fuera? Mira la pantalla interior de tu mente y busca la respuesta. ¿Qué ves? ¿Qué es lo que quieres realmente? ¿Te ves siendo enormemente rico, teniendo una gran sensibilidad musical o artística, con poder político, como un líder religioso "salvando" a las masas? ¿Te ves tocando el violín o el piano? ¿Te visualizas como un médico o un maestro? ¿Qué cualidades necesitarías para ser esa persona? ¿En qué lugar del mundo tendrías que vivir en tu próxima encarnación? ¿Cómo sería tu entorno? Tal vez tu mente se quede en blanco. Si es así, sería bueno que revisaras tu vida en profundidad en este mismo momento, porque tal vez estés atrayendo vacíos a tu vida actual.

Si Planeas Viajes *a* Futuro

Lo mejor es que fijes tu conciencia en algo, que le imprimas una dirección y que no pierdas de vista tu objetivo. Descubrirás que te empiezas a acercar a la meta que te pusiste y al irte aproximando podrás modificarla, subirla, bajarla, moverla hacia la derecha, hacia la izquierda, hacer lo que sea necesario. Tendrás la posibilidad de cambiar tu perspectiva para poder lograr tus objetivos. Y cuando te sientes a contemplar tu existencia futura, podrás incluir eso en tu plan. El peligro que esto envuelve es que, si estás a punto de librarte de los patrones de encarnación, si programas algo tendrás que regresar a completarlo. Así que, si estás trabajando dentro de las enseñanzas del MSIA es conveniente que cualquier contemplación de una vida futura la pongas en el contexto y protección de la siguiente declaración: "Señor, sólo si esto es para mi bien mayor...". Así te proteges, ya que si es para tu bien mayor que no reencarnes, no estarás bloqueando esa posibilidad.

¿Te acuerdas cuando eras pequeño y querías ser bombero o conductor de trenes, o pertenecer a la policía montada? Tal vez lo primero que debas hacer sea "cancelar" esos deseos, porque los patrones de deseos que creaste (aunque los hayas olvidado) pueden seguir vigentes. Y entonces dirás: "¡Ay, Dios mío!, ¿en qué me metí?".

Al ir aprendiendo a modificar tu conciencia, podrás desarrollar una nueva existencia para ti en cualquier momento, aquí y ahora mismo. Puedes hacer los ajustes necesarios y cambiar, pero tienes que tener la inteligencia de orientarte hacia lo nuevo y eso implica desprenderte de lo viejo. Cuando estés harto de crear cosas negativas—tristeza, aislamiento, soledad y depresión—y cuando estés harto de estar harto, podrás transformarte y cambiar.

Mientras atravieses las distintas experiencias de tu vida, presta mucha atención a lo que suceda dentro de ti y en tu entorno. Observa qué acciones y reacciones, qué pensamientos, qué ensoñaciones, qué palabras, etc., crean consecuencias negativas—para ti y los demás—ya sea a nivel físico, emocional, financiero, mental, creativo o inconsciente, y observa las acciones que producen resultados positivos. Manteniendo la intención consciente y aplicando control y disciplina, empieza a dirigir tu accionar cada vez más hacia aquello que produzca resultados positivos dentro de ti: mejor salud (física, mental y emocional), mayor riqueza, más felicidad. Ése es el camino hacia la libertad.

A medida que vayas creando efectos positivos irás disolviendo vínculos kármicos pasados y no estarás creando deudas kármicas nuevas. Estarás alcanzando la libertad. Es por eso que soy tan cuidadoso con cada persona que conozco. Les repito una y otra vez que asumo la responsabilidad únicamente de lo que yo digo y hago. Y si alguien trata de envolverme en su ilusión, me escucharás decirle: "Yo no tengo nada que ver con eso; yo no me involucro en esas cosas". No permito que nadie me implique en nada y tú tienes el mismo derecho. Tú tienes la misma libertad. Si alguien trata de hacerte participar en algo que te pone incómodo, simplemente niégate. Di: "No me siento cómodo haciendo esto. No voy a participar. Si tú quieres hacerlo, adelante; pero yo no lo haré". Y sigues tu camino. Eres responsable de lo que creas, por lo tanto es sabio tener cuidado.

6

CONOCIENDO *tus*
RESPONSABILIDADES

"Dharma" significa prestar un servicio desinteresado. Tu dharma contigo mismo y los demás es muy, muy importante. En muchos sentidos, el dharma podría considerarse como el aspecto positivo del karma, porque al cumplir con tu dharma también estás cumpliendo tu karma.

Para empezar, tenemos un deber con las generaciones más jóvenes; nuestro deber es prepararles un lugar en este mundo material. Sean o no familiares nuestros, la responsabilidad es la misma. El Espíritu habita en todos y tenemos un deber con ese Espíritu. Luego, tenemos un deber con nuestros amigos y conocidos, o sea con nuestra propia generación y nuestro deber es no juzgarlos. El enjuiciamiento produce karma y no dharma. Nuestro dharma con nuestros coetáneos es amarlos y apoyarlos y trabajar con ellos de manera armoniosa.

También tenemos un deber y una responsabilidad con los que son mayores que nosotros; debemos respetar su sabiduría y longevidad. La Biblia instruye honrar a tu padre y a tu madre para que tus días en este plano sean más largos. Esto se aplica en realidad a toda la gente que sea mayor que nosotros y no solamente a nuestros padres biológicos. Los respetamos por su experiencia. Tal vez no tengan toda la sabiduría del mundo, pero tienen una experiencia que es válida. Puedes activar ese nivel de experiencia en ellos y traerlo al presente, transformándose así en tu propia experiencia. Es decir, puedes acceder a la experiencia a través de ellos y es lo mismo que si tú lo hubieras vivido. Hay muy poca diferencia, porque la experiencia es la misma dentro de ti. Esto tiene una utilidad inmensa si lo pones en práctica.

Tienes un deber con la sociedad en que vives. Cuando cuidas a los niños, te cuidas a ti mismo, a tus amigos y a tus mayores, cumples automáticamente con tu deber para con la sociedad; y eso ya lo estás haciendo. Luego viene el cumplimiento de tu deber con tu nación y tu continente, y vayas a donde vayas debes cumplir con tu dharma. Cuando cumples con todos esos deberes, has cumplido con tu deber con Dios. Hay gente que piensa que su deber con Dios es ir a la iglesia los domingos y no hacer nada el resto de la semana. Eso bien podría ser hipocresía. Dharma es una manifestación vital y continua, algo que respiras a diario; es una forma de vida.

Tienes un deber con quien te da un empleo. Ha invertido parte de sí mismo en ti, te ha confiado un trabajo para que lo hagas en su lugar. Tu dharma es mantener sagrada esa confianza y hacer todo lo que esté a tu alcance para completar el trabajo correctamente. También tu dharma para con tus amigos es considerar su confianza y su amor por ti sagrados, y amarlos y apoyarlos en vez de hablar mal de ellos, engañarlos o traicionarlos. Tu deber hacia ti mismo es mantenerte libre y fluir con la vida, aceptar lo que aparezca en tu camino, trabajar con eso, aprender lo que tengas que aprender de la situación y progresar, siempre en dirección ascendente.

A medida que aprendas a asumir tu responsabilidad en las cosas pequeñas, y a llevarlas a cabo, se te asignarán responsabilidades mayores. Es parecido a lo que sucede en los trabajos. Cuando le demuestras a tu jefe que mereces su confianza, que puedes realizar el trabajo que te da, te ofrece un trabajo mejor, con muchas más responsabilidades, en una posición de mayor confianza. Y cuando le demuestras que puedes manejar esa nueva asignación, te asciende una vez más. La vida es así. A medida que demuestras que tienes capacidad para manejar las responsabilidades presentes, se te ofrecen responsabilidades y oportunidades mayores.

Aquellos que van a romper con su karma en esta vida, que se van a liberar de sus deudas kármicas y de los planos inferiores de negatividad, sin duda deben demostrar que están preparados para manejar sus responsabilidades, sus deberes, su dharma. Es un trabajo a tiempo completo que no tiene vacaciones, pero las compensaciones ciertamente valen la pena. El trabajo requiere de un compromiso total con la honestidad, la verdad, el deber y el amor demostrando constantemente esas cualidades, y de vigilancia eterna para que nada se te pase por alto. No es fácil, por lo menos no al principio. Pero al cabo de un tiempo comienzan a llegarte las recompensas y tú no las cambiarías por nada del mundo. A medida que vayas creando amor, armonía, felicidad, alegría y paz, esas cualidades se te regresarán. Y el mundo se convertirá para ti en un lugar más fácil y más feliz para vivir.

Cuando das, recibes en este nivel y en otros niveles. No te preocupes demasiado por este nivel. Está lleno de ilusiones y las cosas aquí no son permanentes. Se estropean, se deterioran y cambian. Concentra tu atención y tus valores en los planos espirituales. Las cosas de este mundo vienen y van. Las posesiones se deterioran y se desbaratan. Los cuerpos envejecen y engordan, o envejecen y adelgazan. El pelo se cae. Las máquinas se descomponen. La Biblia advierte: "Busca primero el reino de los cielos y todo lo demás se te dará por añadidura". Esto es real e irrefutable. A la persona verdaderamente religiosa y espiritual que cumple con responsabilidad con su dharma, que obedece las leyes espirituales de aceptación, entendimiento, empatía, perseverancia, amor, dicha, creatividad y manifestación, le irá muy bien en este plano físico y al mismo tiempo ganará libertad espiritual. Cuanto más damos, más recibimos. Las dos cosas van de la mano.

Elige con sabiduría la dirección que vayas a seguir porque tal vez termines encadenado a tu elección, especialmente si lo que eliges es una actitud destructiva. Si optas por una actitud positiva, todo será hermoso; no te importará estar encadenado a ella todo el día porque gozarás de sus beneficios: una sensación de felicidad, una dicha profunda.

La dicha trae aparejada la responsabilidad y el conocimiento. El conocimiento proviene siempre de la belleza. Cuando ves algo hermoso, una parte tuya se siente atraída y exclama: "¡Ah, qué hermoso es!", y te gustaría saber más sobre eso. Aprender más sobre algo implica conocimiento, y el conocimiento se traduce en conciencia. Así que tu conocimiento se basa siempre en tu percepción de algo que encuentras hermoso. Es claro que lo que a alguien puede perecerle hermoso, a otro puede que no, porque la belleza está en los ojos del que contempla. Al percibir una esencia de belleza y luego querer saber más de eso, descubres que adentro hay amor. Ese amor es la esencia divina que es Dios.

En última instancia, la búsqueda de la belleza, del conocimiento y de la conciencia te lleva de regreso a las gracias de Dios. No hay forma de no lograrlo. La gente que lucha en esta vida comete una tontería. No se trata de una lucha: es un juego. Te traicionas a ti mismo y a tu amor por quienes te importan si castigas a tus seres queridos porque tienes problemas contigo mismo. Pero si dentro de ti solamente hay amor, no importa si exclamas: "¡Basta! ¡No me fastidies más!", porque ése es el rol que asumes para lograr el resultado que deseas. Dentro de ti tú no eres ese rol; eres otra cosa. Esa otra cosa es lo que llamamos el Espíritu, el amor, la belleza, la perfección de la conciencia del Alma de cada persona.

Todos se despertarán—cada uno de ustedes—a la certeza de que son divinos, a que el Alma que tienen adentro es una extensión directa de Dios, y que es la herencia de cada uno elevar su conciencia desde los mundos inferiores de la negatividad hacia los mundos celestiales del Espíritu. Ésa es la promesa espiritual que está predestinada en el camino de toda Alma.

Recursos y Materiales Adicionales de Estudio por John-Roger, DCE

Los siguientes libros y materiales pueden servirte de apoyo para aprender con mayor profundidad sobre las ideas presentadas en este libro. Si deseas adquirirlos, ponte en contacto con el MSIA llamando al 1-323-737-4055 (EE.UU.), o envía un correo electrónico a pedidos@msia.org. Puedes visitar también nuestra Tienda en línea en www.msia.org/tienda.

LIBROS

Perdonar: La Llave Del Reino

El perdón es el factor clave en la liberación personal y el progreso espiritual. Este libro contiene comprensiones profundas sobre el perdón, la alegría y la libertad que se alcanzan cuando se lo practica. La tarea de Dios es el perdón. Este libro nos anima a llevarlo a la práctica y nos entrega herramientas para que su ejercicio se convierta también en nuestra tarea.

MOMENTUM: Dejar Que El Amor Guíe-Prácticas Simples Para La Vida Espiritual
(con Paul Kaye, DCE)

Por mucho que intentemos resolver las áreas importantes de nuestra vida (relaciones, salud, finanzas y profesión) y que se armonicen entre sí, en la mayoría de nosotros siempre hay algo fuera de equilibrio, lo que suele ocasionarnos estrés y angustia. En lugar de resistirnos a ese estado, o de lamentarnos por encontrarnos en él, este libro nos demuestra que el desequilibrio contiene una sabiduría intrínseca. Donde hay desequilibrio, hay movimiento, y ese movimiento "crea una vida dinámica e interesante que está llena de oportunidades de aprendizaje, creatividad y crecimiento".

Se puede comprobar que en aquellas áreas en que experimentamos la mayor parte de nuestros problemas y desafíos es donde también se produce el mayor movimiento y donde existen las mayores oportunidades de cambio.

Este libro afirma que no hay que hacer esfuerzos para que la vida funcione porque la vida ya funciona. La clave fundamental es llenarla de amor. Este libro trata sobre cómo ser amorosos en el momento presente. Es un curso sobre el amor.

El Descanso Pleno, Encontrando Reposo En El Bienamado
(con Paul Kaye, DCE)

¿Qué sucedería si descubrieras que el descanso no es tanto una actividad como una actitud, y que puedes disfrutar de todos los beneficios internos y externos que aporta el descanso en tu vida cotidiana, sin importar lo ocupado que estés? He aquí las buenas noticias: eso es totalmente cierto y, de hecho, factible. Si alguna vez has pensado que un buen descanso te vendría bien, este libro es ideal para ti... ahora mismo, y ¡para el resto de tu vida!

¿Cuando Regresas A Casa? Una Guía Personal Para La Trascendencia Del Alma
(con Pauli Sanderson, DCE)

Profundo relato sobre el despertar espiritual que contiene

todos los ingredientes de una narrativa de aventuras. ¿Cómo adquirió John-Roger la conciencia que verdaderamente es él? John-Roger encara la vida como un científico en un laboratorio, descubriendo maneras de integrar lo sagrado con lo mundano, lo práctico con lo místico, y explicando lo que funciona y lo que no lo hace. Junto a relatos fascinantes, en este libro encontrarás muchas herramientas prácticas que te ayudarán a mejorar tu vida, a sintonizarte con la fuente de sabiduría que está presente en ti todo el tiempo, y a conseguir que cada día te impulse con mayor fuerza en tu emocionante aventura de regreso a casa.

¿Cómo Se Siente Ser Tú?
Vivir La Vida Como Tu Ser Verdadero
(con Paul Kaye, DCE)

"¿Qué pasaría si dejaras de hacer lo que piensas que deberías estar haciendo y comenzaras a ser quien eres?". El presente volumen es la continuación del libro "Momentum: Dejar que el Amor Guíe"; en él hay ejercicios, meditaciones y explicaciones que te permitirán profundizar y explorar tu verdadero "yo". Contiene un CD inédito: "Meditación para el Alineamiento con el Ser Verdadero".

El Guerrero Espiritual: El Arte De Vivir Con Espiritualidad

Lleno de sabiduría, humor, sentido común y herramientas prácticas para la vida espiritual, este libro ofrece consejos útiles para tomar la vida en nuestras manos y crear mayor salud, felicidad, abundancia y amor en ella. Convertirse en un guerrero espiritual no tiene nada que ver con la violencia; hacerlo implica usar las cualidades positivas del guerrero espiritual: intención, implacabilidad e impecabilidad para contrarrestar los hábitos negativos y las relaciones destructivas, especialmente cuando uno se enfrenta a adversidades mayores.

El Tao Del Espíritu

Colección de pensamientos diseñada con hermosura, este libro tiene un objetivo: liberarte de las distracciones del mundo exterior y guiarte de regreso hacia tu quietud interna. "El Tao del Espíritu" te brinda citas diarias que pueden inspirarte y brindarte una manera nueva de manejar el estrés y la frustración. ¡Qué maravillosa manera de empezar o terminar el día! Recordando dejar ir los problemas cotidianos y siendo revitalizado en la fuente misma del centro de tu existencia. Muchas personas utilizan este libro cuando se preparan para meditar u orar.

Los Mundos Internos De La Meditación

En esta guía de autoayuda para la meditación, las prácticas de meditación se transforman en un recurso valioso y práctico para explorar los reinos espirituales y enfrentar la vida cotidiana con mayor efectividad. Incluye una variedad de meditaciones que sirven para expandir la conciencia espiritual, lograr una mayor relajación, equilibrar las emociones e incrementar la energía física.

Amando Cada Día Para Los Que Hacen La Paz

¿Lograr la paz? ¡Qué idea tan noble y a la vez tan evasiva! La paz entre las naciones se construye sobre la base de la paz entre las personas, y la paz entre las personas depende de la paz en cada persona. Convirtiendo la paz en algo más que una simple teoría o idea, "Amando Cada Día para los que Hacen la Paz" guía a sus lectores a que lleguen a sus propias soluciones y puedan experimentar la paz.

PROTECCIÓN PSÍQUICA

En este libro, John-Roger describe algunos de los niveles invisibles: el poder de los pensamientos, el inconsciente, las energías elementales y la magia. Y más importante que eso, explica cómo protegerse a nivel personal de la negatividad que puede ser parte de esos niveles. Poniendo en práctica las técnicas simples propuestas en este libro, podrás crear una sensación de bienestar profundo dentro de ti y en tu entorno.

SABIDURÍA SIN TIEMPO

Este libro habla de verdades imperecederas, como por ejemplo, que todas las cosas provienen de Dios. Nos dice: "El mensaje de Dios es uno solo, a pesar de haber sido dicho y expresado de muchas maneras". Ese mensaje único explica que todo lo existente proviene de Dios, que todo existe porque Dios existe. Saberlo acrecienta nuestra confianza: Dios es multidimensional, está en todas partes, en todas las cosas y en todos los niveles de conciencia. Entonces, lo que parece ser negativo es simplemente un mecanismo que nos sirve para aprender y no un castigo. Jesús dijo: "Cuando se lo hacéis al más insignificante de mis hermanos, me lo hacéis a mí" (Mateo 25:40). Dado que todo proviene de Dios, cuando estamos predispuestos contra alguien, estamos predispuestos contra el despertar de nuestra propia conciencia del amor.

El Espíritu, El Sexo y Tú

El título de por sí resulta irresistible. En el mercado no existe ningún otro libro que integre conceptos tales como "sexualidad" y "espiritualidad" de una manera tan natural como lo logra John-Roger.

La Fuente De Tu Poder

Los medios para crear todo lo que quieres están a tu alcance, ya que tus mayores recursos y herramientas están en tu interior. Descubre la manera de utilizar positivamente tu mente y el poder que tienen la mente consciente, subconsciente e inconsciente.

Disertaciones del Conocimiento del Alma, un Curso Sobre la Trascendencia del Alma

Las Disertaciones del Conocimiento del Alma tienen como propósito enseñar la Trascendencia del Alma, que es tomar conciencia de que en realidad somos un Alma y uno en Dios, no en teoría sino como una realidad viviente. Están dirigidas a personas que necesitan un enfoque consistente en su desarrollo espiritual y que perdure en el tiempo.

Las Disertaciones del Conocimiento del Alma son un conjunto de doce cuadernillos que se estudian y contemplan de a uno por mes. A medida que vas leyendo cada una de las Disertaciones, la conciencia de tu esencia divina puede activarse, profundizando tu relación con Dios.

Espirituales en esencia, las Disertaciones son compatibles con cualquier creencia religiosa. De hecho, la mayoría de sus lectores consideran que las Disertaciones apoyan su experiencia del sendero, filosofía o religión que han elegido seguir. En palabras simples, las Disertaciones tratan sobre verdades eternas y hablan de la sabiduría del corazón.

El primer año de Disertaciones aborda temas que van desde la creación del éxito en el mundo hasta el trabajo de la mano con el Espíritu.

El juego de doce Disertaciones para un año tiene un valor de US$100 (cien dólares). El MSIA ofrece el primer año de Disertaciones a un precio de introducción de US$50 (cincuenta dólares). Las Disertaciones vienen con una garantía de devolución de dinero sin cuestionamientos. Si en algún momento decides que estos estudios no son para ti, simplemente las devuelves y recibirás el reembolso completo de tu dinero.

Para ordenar las Disertaciones ponte en contacto con el Movimiento del Sendero Interno del Alma, llamando al 1-323-737-4055 (EE.UU.). También puedes enviar un correo electrónico a pedidos@msia.org o visitar nuestra Tienda en línea en nuestro sitio web www.msia.org/tienda.

MATERIAL *en* AUDIO

MEDITACIÓN DE LÚXOR PARA LA PAZ Y ARMONÍA

Esta meditación fue grabada en el antiguo Templo de Luxor (Egipto). Tiene como propósito expandir nuestra conciencia hacia las dimensiones espirituales internas. Deja que las vibraciones sagradas resuenen dentro de ti para que creen equilibrio, sanación, armonía y paz.

NUESTRA CANCIÓN DE AMOR Y EL CÁNTICO DEL ANAI-JIÚ

Este audio te ayudará a familiarizarte con un mantra del nombre de Dios, precedido de una plegaria de John-Roger, llamada "Nuestra Canción de Amor". Contiene, además, el cántico del Anai-Jiú entonado por estudiantes del MSIA.

LA MEDITACIÓN DEL EQUILIBRIO CORPORAL

Éste es el único cuerpo que tendrás en esta vida. A través del proceso de reprogramación que se ofrece aquí, puedes alcanzar un peso equilibrado y lograr buena salud en todos los niveles.

UNA MEDITACIÓN SOBRE LA ABUNDANCIA

Practiquemos la abundancia de Dios. John-Roger nos explica de qué manera podemos crear una actitud de abundancia y éxito en nuestra conciencia, superando aquella de carencia y de fracaso.

LOS MUNDOS INTERNOS DE LA MEDITACIÓN

Meditaciones guiadas por los Viajeros cuyo objetivo es alcanzar una paz más profunda y un bienestar mayor, expandiendo a la vez nuestra conciencia espiritual.

Si deseas contactarte con el
Movimiento del Sendero Interno del Alma:

MSIA
3500 West Adams Blvd.
Los Angeles, CA 90018 EE.UU.
Teléfono: 1-323-737-4055 (EE.UU.)
E-mail: pedidos@msia.org
www.msia.org

ACERCA *del* AUTOR
JOHN-ROGER, DCE

John-Roger, D.C.E. (1934-2014), maestro y conferencista de talla internacional, con millones de libros impresos, sigue siendo una inspiración en la vida de muchas personas en todo el mundo. Durante más de cinco décadas, su sabiduría, humor, sentido común y amor ayudaron a las personas a descubrir el Espíritu dentro de sí mismas y a encontrar salud, paz y prosperidad.

Con dos libros escritos en colaboración a su haber, los que alcanzaron el primer lugar en la lista de libros más vendidos del *New York Times*, y con más de cuatro decenas de libros de auto-superación y materiales en audio, John-Roger nos legó un conocimiento extraordinario en una amplia gama de temas. Fue el fundador de la Iglesia sin denominación de culto, el Movimiento del Sendero Interno Del Alma (MSIA), que se enfoca en la Trascendencia del Alma, así como de otras organizaciones sin fines de lucro: *Peace Theological Seminary & College of Philosophy* (el Seminario Teológico y Escuela de Filosofía Paz, PTS), *University of Santa Monica* (la Universidad de Santa Mónica, USM), *The Institute for Individual and World*

Peace (el Instituto para la Paz Individual y Mundial, IIWP) y *The Heartfelt Foundation* (la Fundación Heartfelt).

John-Roger dio más de 5,000 conferencias y seminarios en todo el mundo, muchos de los cuales fueron televisados a nivel nacional en su programa de cable, "*That Which Is*", a través de *Network of Wisdom*. Fue invitado destacado en "Larry King Live", "Politically Incorrect" y "The Roseanne Show". También colaboró escribiendo y co-produciendo las películas "Guerreros Espirituales", "El Guía Espiritual" y "El Viajero Místico".

John-Roger sigue transformando vidas a través de sus enseñanzas y de las organizaciones que fundó, educando a las personas en la sabiduría del corazón espiritual.

www.ingramcontent.com/pod-product-compliance
Lightning Source LLC
Chambersburg PA
CBHW021204020426
42331CB00003B/202